Promoción de ventas

Diseño de tapa:
SERGIO MANELA

JOSÉ LUIS CHONG

MARCELA AIZPURU / AMADOR CÁRDENAS / ELENA ESPINAL /
LOUISE LUCÍA GÓMEZ BARANDA / CARLOS KOEHN /
MAXIMILIANO LÓPEZ / CARLOS LOZANO / GUILLERMO MENDOZA /
JOSÉ MOYA / ÁNGEL PEDROTE / GERARDO TRUEBA

Promoción
de ventas

Herramienta básica
del marketing integral

GRANICA

BUENOS AIRES - BARCELONA - MÉXICO - SANTIAGO - MONTEVIDEO

© 2007, 2013 *by* Ediciones Granica S.A.

ARGENTINA
Ediciones Granica S.A.
Lavalle 1634 3° G / C1048AAN Buenos Aires, Argentina
Tel.: +54 (11) 4374-1456 Fax: +54 (11) 4373-0669
granica.ar@granicaeditor.com
atencionaempresas@granicaeditor.com

MÉXICO
Ediciones Granica México S.A. de C.V.
Valle de Bravo N° 21 El Mirador Naucalpan - Edo. de Méx.
53050 Estado de México - México
Tel.: +52 (55) 5360-1010 Fax: +52 (55) 5360-1100
granica.mx@granicaeditor.com

URUGUAY
Ediciones Granica S.A.
Scoseria 2639 Bis
11300 Montevideo, Uruguay
Tel.: +59 (82) 712 4857 / +59 (82) 712 4858
granica.uy@granicaeditor.com

CHILE
granica.cl@granicaeditor.com
Tel.: +56 2 8107455

ESPAÑA
granica.es@granicaeditor.com
Tel.: +34 (93) 635 4120

www.granicaeditor.com

GRANICA es una marca registrada
ISBN 978-950-641-521-1

Hecho el depósito que marca la ley 11.723

Impreso en Argentina. *Printed in Argentina*

Promoción de ventas : herramienta básica del marketing integral / José Luis Chong...[et.al.].. - 1a ed. - Buenos Aires : Granica, 2007.
    264 p. ; 22x15 cm.

    ISBN 978-950-641-521-1

    1. Marketing.
    CDD 658.8

ÍNDICE

PRÓLOGO A LA PRIMERA Y SEGUNDA EDICIONES

"Dos por uno…", "gratis con la compra de…", "oferta limitada…"; programas de viajero frecuente, pruebas gratuitas, muestras, obsequios relacionados con la compra; rifas, sorteos, concursos, estímulos.

Campañas impresas, campañas que viajan por las ondas hertzianas e invaden nuestro entorno. Invitaciones casi órdenes: pruebe, compre, conozca, escuche, prefiera.

La promoción de ventas, como elemento y herramienta de la mercadotecnia, incrementa su importancia relativa en la distribución de los presupuestos de marcas, empresas y servicios.

Lo hace a costa de la publicidad tradicional. El monto destinado a estimular a distribuidores y consumidores, o usuarios finales, sobrepasa ya en mucho lo que se dedica a crear imagen mediante la publicidad tradicional.

¿Cuál es la diferencia entre la promoción de ventas y la publicidad? La mercadotecnia directa, ¿es publicidad, promoción o algo diferente?

¿Cuáles son las mejores promociones? ¿Quién se encarga de ayudarme a planear, producir, coordinar, contratar o tramitar?

AMAPRO, la Asociación Mexicana de Agencias de Promociones, nos facilita la vida a los anunciantes, mercadólogos y empresarios que continuamente nos enfrentamos a estas dudas y coyunturas.

Este libro, precursor en su género, lleva al lector de la mano para establecer definiciones, rutas de decisión lógicas y estratégicas; describe puntual y prolijamente cómo reconocer los casos y los momentos en que conviene tal o cual variante.

Libros de mercadotecnia hay muchos; de publicidad, también. De promoción de ventas hay menos. Definitivamente, este es el primer libro del que tenemos noticia en nuestro país, hecho en y para nuestro medio. Hecho por los expertos, los líderes en la ejecución de promociones.

En esta obra, tanto el profesional como el estudiante encontrarán los lineamientos que permiten una planificación eficaz del programa promocional. Los diferentes tipos de promociones, los casos en que su aplicación es más pertinente e incluso un capítulo sobre la mejor manera de conducir las relaciones entre el cliente y sus proveedores estratégicos en el área de promoción de ventas.

Sin duda, este libro que nos presenta la AMAPRO llega en un muy buen momento. Los recurrentes altibajos en los ciclos económicos de nuestro país dificultan la planificación estratégica de la mercadotecnia; los apremios de momentos difíciles exigen acción inmediata por parte de los responsables de empresas, instituciones, marcas, productos, etc. Contar con los elementos estratégicos para tomar la mejor decisión tiene un elevado valor. Esta probablemente sea la aportación más apreciable y útil de esta obra.

No puedo concluir este comentario sin agregar lo que por obvio no deja de ser importante y cierto. Si bien este trabajo es netamente descriptivo y pedagógico, sus autores no están alejados de la práctica de cuanto exponen: son protagonistas que diariamente ejecutan acciones promocionales para sus clientes, los asesoran en la planificación y en la toma de decisiones estratégicas, y continuamente desarrollan nuevas opciones que enriquecen el menú que ofrecen.

De modo que, evidentemente, la solución para obtener el servicio, el profesionalismo y la eficiencia óptimos, con inversiones justas y razonables, es acudir a los profesionales de la AMAPRO, asociación cuyo sello garantiza la máxima calidad en nuestro país cuando de promociones se trata.

LIC. ENRIQUE VIGIL HERRERA
Director de Desarrollo de Nuevos Productos.
Corporación Interamericana de Desarrollo (CIE)

PRÓLOGO A LA TERCERA EDICIÓN

Hace algunos años, realmente pocos, cuando salió al mercado la primera edición de este libro, enfatizábamos en el prólogo que los profesionales de la AMAPRO (Asociación Mexicana de Agencias de Promociones) representan la mejor solución para los mercadólogos que requieren herramientas, información actualizada sobre el mercado en punto de venta, punto de consumo o centros de reunión.

Por supuesto, los temas centrales siguen siendo válidos, así como la forma de atender diferentes mercados en variadas circunstancias. La tendencia que identificamos en la primera edición, en el sentido de que los presupuestos de mercadotecnia cada vez dan mayor peso a las promociones de ventas que a la inversión en publicidad tradicional, se ha confirmado.

Los mercados han evolucionado notablemente; en particular, aquellos que presentan los crecimientos más dinámicos. La realidad mercadotécnica de esta primera década del siglo XXI nos reta en muchos sentidos. Es necesario adaptar nuestra mente para entender fenómenos que en cortísimos lapsos pasan de ser novedades a verdaderos *commodities*, como es el caso de los teléfonos celulares o, más aún, el servicio de conexión a Internet.

En el mercado de servicios profesionales relacionados con nuestro quehacer cotidiano en la mercadotecnia, han surgido nuevos proveedores y los que estaban se han adecuado a los tiempos. De quienes no lo han hecho, ni hablar.

Las agencias de publicidad tradicionales, ante la desaparición del "17,65% de comisión" y la evolución de los medios, se han diversificado y ofrecen servicios "integrados". Se habla ahora de "Comunicación", "*Marketing Communications*" y temas parecidos. Se oye y se lee menos sobre estrategias de publicidad, programas de promociones y, sin embargo, se requiere la capacidad operativa y la experiencia para que los planes, al ejecutarse, arrojen los resultados esperados.

Se habla de "BTL", "ATL", "comunicación uno a uno", "comunicación sin desperdicio", "nuevos medios", etc., y nosotros, como mercadólogos, como empresarios, como responsables de marcas, necesitamos los servicios adecuados para cumplir nuestros objetivos de negocio, o bien objetivos institucionales en organizaciones no lucrativas.

Quizá lo más significativo en cuanto a cambios desde la primera edición de este libro hasta ahora sea el empleo de nuevos medios para la mercadotecnia: teléfonos celulares y mensajes SMS; Internet y sus posibilidades a través del correo electrónico y la interactividad.

La buena noticia es que los profesionales de AMAPRO están al día. Y que ponen a disposición de los profesionales de la mercadotecnia su experiencia, su capacidad de ejecución con la alta calidad de siempre y su conocimiento de la nueva realidad. Así, nos ofrecen en esta nueva edición un libro útil, actualizado y necesario.

ENRIQUE VIGIL HERRERA
Mercadólogo, profesor y consultor

CAPÍTULO 1

INTRODUCCIÓN

José Luis Chong

A quienes nos tocó el privilegio de vivir la segunda parte del siglo XX, aún no deja de sorprendernos la creatividad y preocupación constante del ser humano por hacer cada vez más confortable y segura su existencia. El desarrollo tecnológico en todas las áreas del saber ha sido exponencial. Las computadoras no sólo hicieron posible la llegada del hombre a la Luna, sino que también han contribuido a que en la actualidad prácticamente todo sea más rápido, preciso y eficiente.

Sin embargo, la humanidad ha participado en forma desigual de este progreso. El poder económico, la educación y los sistemas políticos han contribuido para que, al finalizar este milenio, el mapamundi aparezca más atractivo en el norte que en el sur y, con algunas excepciones, mejor en occidente que en oriente; lo que es más, dentro de este cuadrante de mayor desarrollo, también hay matices.

México ya ocupa el lugar número 15 en la clasificación general de las economías del mundo, y aunque esto todavía no sea suficiente para brindar un adecuado nivel de vida a la mayoría de sus 100 millones de habitantes, los mexicanos vivimos mejor ahora que hace 50 años. El ingreso per cápita y los niveles de educación y seguridad social así lo confirman. De ser un país esencialmente agrícola, ahora somos una mediana economía industrial y de servicios.

La emigración de la población rural a los centros urbanos en busca de trabajo ha modificado el perfil de la población, de sus gustos y estilo de vida. Como consecuencia de la necesidad, se aprendió a vivir en departamentos en vez de casas con jardín, o hacer las compras en el supermercado una vez a la semana para no ir todos los días al "mandado".

Los mexicanos de los albores del siglo XXI, compartiendo nuestro destino con muchas otras naciones latinoamericanas, somos una mezcla de tradiciones y nuevas costumbres de la vida moderna; tomamos lo mejor de ambas formas de acuerdo con nuestro muy personal criterio y posibilidades económicas. De lo que podremos estar seguros es de que la sociedad en su conjunto estará siempre creando y ofreciendo nuevos estilos de vida mediante productos y servicios, algunos a propósito efímeros o "de moda", y otros que en realidad ayudarán a simplificar lo rutinario para mejorar lo cotidiano.

Los conocimientos modernos de mercadotecnia han contribuido en muchos casos al dirigir la investigación hacia los campos de mayor necesidad de los seres humanos, identificar los "nichos" de ventaja estratégica y convertirlos en oportunidades de comercialización. Los productos así diseñados, al ser apoyados de manera adecuada por inversiones publicitarias y de promoción de ventas, responden a la demanda creada con su producción masiva, lo que facilita un precio accesible a la mayoría de la población.

Algunos nuevos productos requerirán un mayor esfuerzo para ser aceptados por la población, en particular cuando su uso signifique modificar viejos patrones de conducta. Nos tocó ser testigos de la llegada de numerosos productos que simplificaban la tarea diaria de las amas de casa a cambio de un precio mayor, como los pañales descartables, los limpiadores para el hogar, los alimentos semiprocesados y diversos artículos para el cuidado personal. Este final de siglo también presenció la lucha por obtener la preferencia de los consumidores por productos con conciencia nutricional y ecológica.

Ya se trate de productos que ofrezcan satisfacciones reales o emocionales, requerirán la creación de un conocimiento de marca en la mente de sus clientes potenciales; para ello, es necesario contar tanto con la estructura que haga posible su disponibilidad en el lugar como con las condiciones propicias para que sea comprado, probado y, sobre todo, vuelto a comprar regularmente. El objetivo final de la mercadotecnia es crear el mayor número posible de clientes satisfechos y leales.

Al aumentar la competencia que deben enfrentar las marcas en el punto de venta y en la mente de los clientes, las técnicas de comercialización se han complicado en grado tal que para invertir eficientemente en la creación de los valores de un producto o servicio es de gran importancia hacerlo a través de proveedores con experiencia probada y que hagan rentables los presupuestos a ellos confiados. Una de las principales responsabilidades de los fabricantes o prestadores de servicios será, por lo tanto, la selección apropiada de sus proveedores de mercadotecnia. Gran parte de su éxito dependerá de esta decisión y de la relación profesional, honesta y equitativa que pueda establecer con ellos.

A diferencia de la publicidad, la promoción de ventas en México no ha sido suficientemente entendida, a pesar del incremento sostenido de los presupuestos destinados a esta actividad en años anteriores. Lo que ha sucedido es que por falta de planificación e iniciativa se ha abusado de la estrategia de rebajar los precios con apoyo de promotores de venta.

Cada vez se destina menos tiempo a elaborar una plataforma creativa que sirva de base al desarrollo de alternativas promocionales. Cada vez son menos las empresas que realizan mercados de prueba para seleccionar la actividad promocional más eficiente.

Como contribución al conocimiento general de la promoción de ventas en México, la Asociación Mexicana de Agencias de Promociones (AMAPRO) ha reunido en el presente libro las principales estrategias y experiencias de la especialidad para compartirlas con estudiantes, personal de las agencias de publicidad y de promociones, y ejecutivos de mercadotecnia y ventas de las empresas. Hacemos votos, pues, para que este libro constituya una herramienta que coadyuve a profesionalizar la actividad en beneficio de todos, y en especial de México.

MARCO TEÓRICO

José Luis Chong

Puede decirse que la comercialización se inició cuando las primeras sociedades agrícolas empezaron a contar con excedentes; al no saber cómo almacenar los granos, idearon el sistema de intercambio o trueque. La evolución de las tribus hacia sociedades más complejas creó la necesidad de áreas específicas dedicadas a las formas de realizar el trueque de mercancías, con lo que surgió el concepto de mercado y a la vez toda una clase social dedicada al comercio. Ya Bernal Díaz del Castillo, el cronista conquistador, narraba en su *Verdadera historia de la conquista de la Nueva España* la maravilla y buen concierto del mercado de Tlatelolco hacia 1520. Allí donde los guerreros fueron ampliando las fronteras, los siguieron los comerciantes creando nuevos mercados.

Con la revolución industrial creció la urgencia de desarrollar el mercado interno y nuevos mercados externos que absorbieran la producción excedente; se continuaron haciendo guerras para expandir los imperios y así obtener, entre otras cosas, más consumidores potenciales. Por fortuna, durante el siglo pasado se iniciaron otras formas de generar consumo, lo que fomentó el desarrollo de las modernas técnicas publicitarias.

La comunicación de las características y beneficios de los productos para obtener clientes empezó con los vendedores callejeros, algunos de los cuales aún podemos ver en los barrios populares; más tarde, con la invención de la imprenta, en 1438, comenzó el uso de volantes y la rotulación de fachadas comerciales y espacios visibles en vallas y azoteas. Posteriormente, al perfeccionarse la impresión, se generalizó el uso de *posters* o carteles y anuncios en los diarios. José Guadalupe Posada (1852-1913), ilustre artista mexicano, hacía grabados publicitarios en impresos a fines del siglo XIX, al igual que Henri Toulouse Lautrec (1864-1901) en Francia.

En el siglo XX, con la llegada de la radio y después de la televisión, la posibilidad de comunicar masivamente los atributos de los productos ayudó a la creación de grandes mercados de consumo. Fue necesario entonces conocer quiénes eran los receptores de los anuncios, qué pensaban y qué compraban, por lo que se inició el perfeccionamiento de las técnicas de investigación de mercados y, para hacer más atractivo el aspecto externo de los productos, el desarrollo de la especialidad de diseño industrial y gráfico de los embalajes.

Con la aplicación de todas estas técnicas se hizo indispensable coordinarlas para que funcionaran complementándose, de forma tal que pudiera obtenerse ese beneficio extra llamado "sinergia". Surgió entonces la mercadotecnia, a la que podemos definir como el conjunto de técnicas usadas para conocer y satisfacer las necesidades de los consumidores.

Las diferentes áreas de la mercadotecnia y la relación existente entre ellas son conocidas por algunos autores, por ejemplo William J. Stanton, como "la mezcla de mercadotecnia", mientras que otros, por ejemplo Philip Kotler, las llaman "la rueda de la mercadotecnia", que está compuesta de cuatro partes que empiezan con la letra "p":

Por *producto* podemos considerar el conjunto de beneficios que ofrece un comerciante en el mercado. Este conjunto contiene un potencial de satisfacción derivado de sus características. Así, un automóvil es un producto del cual podemos admirar sus características físicas como color, potencia del motor, diseño de la carrocería, etc., pero también sus beneficios intangibles, como la imagen social de que nos vean dentro de él. Pueden considerarse también como productos ciertos servicios intangibles: seguros de vida o viajes de avión, que como bienes tangibles sólo son un pedazo de papel, en forma de póliza o billete, pero cuyos beneficios son importantes y muy apreciados. Los productos suelen tener un valor real y otro de estimación; los cosméticos, por ejemplo, brindan seguridad y comodidad a pesar de que su valor económico no sea muy grande; es el caso de un lápiz labial o un perfume.

En cuanto al *precio,* está determinado por la razón de ser del producto o servicio. Es la medida cuantitativa, expresada en términos monetarios, de la utilidad o aprecio que un producto o servicio tiene para el comprador. Cuanto más necesitemos un producto o menos se lo encuentre, más se estará dispuesto a pagar por él. Por eso suele decirse que no hay producto más caro que el que no existe. Aquí intervienen las leyes de la oferta y la demanda; en una categoría de productos donde existan muchas marcas, los fabricantes tomarán muy en cuenta los precios de sus competidores antes de decidir un incremento en los propios, pero un producto único o exclusivo puede establecer una nueva categoría de precios.

Por *plaza* se entiende el área geográfica donde el producto es vendido, constituida por los conductos o canales a través de los cuales llegan los productos al consumidor; es decir, la cadena de distribución por la que, semejando una cascada, las mercancías van "cayendo" del fabricante a los distintos tipos de establecimientos donde podrá adquirirlos el consumidor.

Algunos productos, como los agrícolas, pueden pasar directamente del productor al consumidor; otros, más elaborados, suelen necesitar intermediarios como mayoristas, semimayoristas, autoservicios, supermercados, tiendas por departamentos y detallistas para llegar al usuario.

Para un fabricante es imposible llevar sus productos por sus propios medios a todo tipo de comercios; por ello, deberá hacer grandes y permanentes esfuerzos a fin de "empujar" sus productos para que se desplacen por los canales de distribución y, al mismo tiempo, los consumidores los estén "jalando" para su consumo. Si no existe relación entre estos dos esfuerzos, el producto fracasa.

Cuantos más intermediarios necesite un producto para llegar al consumidor, más caro será. Es la contradicción que existe en el caso de las sardinas en lata: cuestan más en las zonas rurales (donde son muy demandadas por la falta de refrigeradores) que en las grandes ciudades con mayor poder adquisitivo.

Llamamos *promoción* a las técnicas empleadas para informar y persuadir al consumidor sobre las características y beneficios de los productos o servicios.

Aunque existen varias clasificaciones, por lo general la más aceptada es que la promoción abarca:

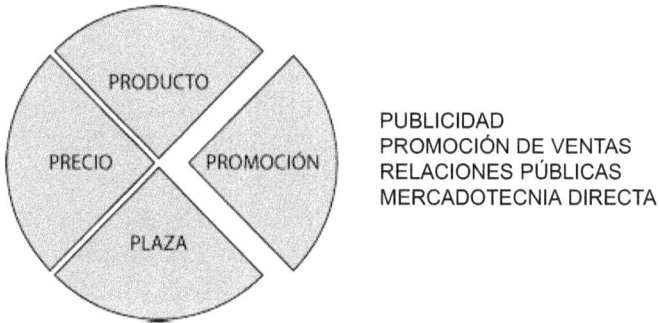

PUBLICIDAD
PROMOCIÓN DE VENTAS
RELACIONES PÚBLICAS
MERCADOTECNIA DIRECTA

En su libro *Publicidad comercial,* Dorothy Cohen define la *publicidad* como: "Una actividad comercial controlada, que utiliza técnicas creativas para diseñar comunicaciones identificables y persuasivas en los medios de comunicación masiva, a fin de desarrollar la demanda de un producto y crear una imagen de la empresa en armonía con la realización de sus objetivos, la satisfacción de los gustos del consumidor y el desarrollo del bienestar social y económico".

La definición de *promoción de ventas* elaborada por la Asociación Mexicana de Agencias de Promociones (AMAPRO) es: "Conjunto de actividades comerciales que, mediante la utilización de incentivos, comunicación personal o a través de medios masivos, estimulan de forma directa e inmediata la demanda a corto plazo de un producto o servicio".

Por *relaciones públicas* entendemos "El conjunto de acciones que realiza una empresa para hacerse conocer mejor por el público y crear una corriente de simpatía y prestigio hacia ella". (*Relaciones públicas,* Edamex, México, 1997, pág. 17.)

La *mercadotecnia directa* es la técnica para comunicar y promover las ventas en forma personalizada, mediante canales de comunicación dirigidos a los consumidores potenciales y habituales, cuyos esfuerzos son medibles y modificables de acuerdo con los resultados obtenidos día a día. Para ello se utiliza el correo directo, mediante el aprovechamiento y explotación de bases de datos propias o de terceros, el teléfono (*telemarketing*) y el auxilio de los medios masivos de comunicación como la televisión, radio, prensa, revistas, folletería y catálogos. (Definición proporcionada por la Asociación Mexicana de Mercadotecnia Directa, A.C.)

Es importante destacar la congruencia necesaria entre todos los elementos de la "rueda de la mercadotecnia" para lograr el éxito de una comercialización. Por ejemplo, un producto de alta calidad deberá tener un precio alto, una distribución en establecimientos de categoría y una promoción que refuerce la imagen de prestigio y sofisticación, como es el caso de los autos de lujo. Por el contrario, un producto popular de uso generalizado deberá tener un precio accesible, estar disponible en todo tipo de comercios y apoyarse promocionalmente con actividades de amplia cobertura.

Esta congruencia se logra mediante una adecuada planificación, la cual se inicia con la elaboración de un documento o plan anual de mercadotecnia, que considere, además de los objetivos financieros y de mercado, todas las estrategias y planes a realizar en un plazo determinado. Un buen plan de mercadotecnia detalla las estrategias y planes de producto, precio, distribución, publicidad, promoción de ventas e investigación de mercados del producto o servicio en cuestión y asegura, al ser aprobado por los distintos niveles de la organización, que todas las partes estén coordinadas para lograr los objetivos fijados.

Por último, debe señalarse que las técnicas de promoción no son excluyentes sino complementarias. Así, una campaña de publicidad en medios masivos (televisión, radio, prensa y/o anuncios exteriores) siempre requerirá el apoyo de una promoción de ventas que se enfrente a los clientes en el momento de la decisión de compra, o bien de otros medios de comunicación, como pueden ser las relaciones públicas, el correo directo o la llamada telefónica personalizada. En general, no existe presupuesto suficiente para cubrir este abanico; por lo tanto, el reto para el ejecutivo de mercadotecnia es seleccionar las técnicas que utilizará y cuánto de su presupuesto destinará a cada una de ellas.

Aunque la distribución del presupuesto en publicidad y promoción de ventas depende de la situación de cada producto y mercado, está aceptado tanto en Estados Unidos como en México que existe una tendencia decreciente de los presupuestos publicitarios a favor de las inversiones en actividades promocionales. El siguiente gráfico muestra el caso de Estados Unidos con cifras proporcionadas por la Promotion Marketing Association of America (PMAA) para el período 1973-1993:

Tendencia de los presupuestos en Estados Unidos

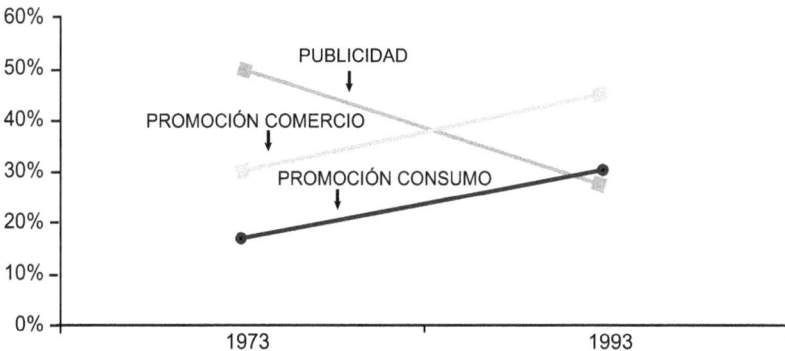

Nota: un estudio reciente publicado por la Cannondale Associates, Inc. muestra para 1997 la siguiente distribución de presupuestos en EE.UU.: 23% en publicidad, 24% en promociones al consumidor y 53% en promociones al comercio. Para el caso mexicano, según información proporcionada por la revista *Merca2.0*, en su número de abril de 2006, esta tendencia no es tan clara.

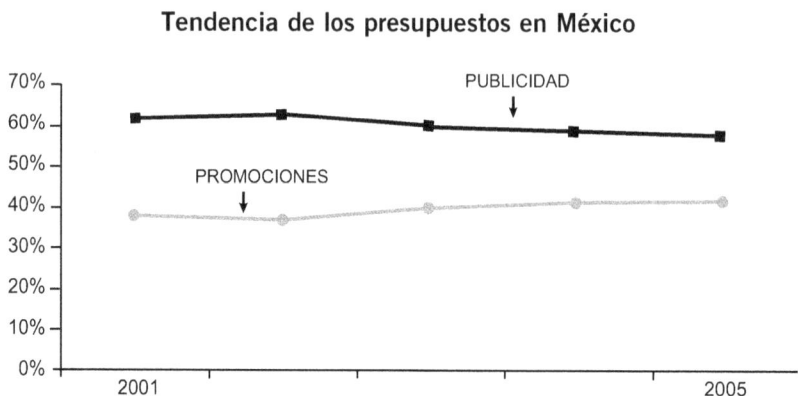

Tendencia de los presupuestos en México

El presupuesto de promoción de ventas se divide a su vez en dos grandes grupos básicos según a quién esté dirigido:

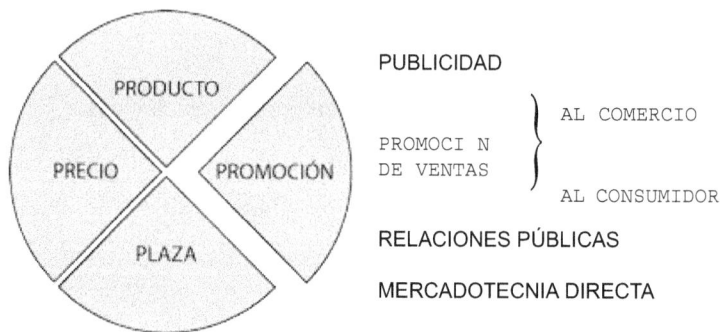

- *Promociones al comercio:* son las orientadas a colocar una mayor cantidad de producto en los distintos niveles o comercios de los canales de distribución. Con esto se pretende, como ya se mencionó, presionar la disponibilidad de los productos o "empujarlos" hacia una mayor exhibición en las estanterías o lugares especiales de los supermercados (las "góndolas" y "cabeceras"), o bien, que por "cascada" lleguen a un mayor número de comercios detallistas. Las promociones al comercio consisten en: conceder descuentos u obsequios del producto por la compra de una determinada cantidad de cajas, o bien, regalo de viajes o artículos de uso doméstico o personal si logran una cuota de ventas. Lo anterior ofrece un beneficio adicional a los comerciantes al incrementar sus márgenes de utilidad o recibir regalos.

- *Promociones al consumidor:* su objetivo es lograr una mayor demanda del público, que "le quiten de las manos" el producto colocado en los comercios para su consumo. Cuando se trata de un producto nuevo, también se busca que sea conocido por mayor cantidad de personas, y, si ya lo es, se pretende que el consumidor lleve más, lo consuma y se aparte de las marcas competidoras.

Existen diferencias fundamentales entre la publicidad y la promoción de ventas. La primera trabaja en el mediano y largo plazo educando, crea la imagen de la marca y la construye en la memoria de los consumidores; mientras que el objetivo de la promoción de ventas es, en el corto plazo, colocar en manos de los clientes el producto para que lo prueben, lo lleven a su casa y lo ofrezcan al resto de la familia.

Por todo ello, las principales virtudes de la promoción de ventas son:

a) *Producir resultados en el corto plazo* al motivar la compra del consumidor mediante incentivos como descuentos en el precio, premios, sorteos, etcétera.

b) *Crear interés hacia el producto o servicio* destacándolo de los productos competidores, por su atractivo adicional al brindar el *plus* de un regalo o descuento.

c) *Dirigirse con facilidad hacia el segmento de compradores meta,* pues, gracias a su flexibilidad, la actividad promocional puede orientarse hacia determinados grupos de población por zonas geográficas (ciudad, región o país) o bien por niveles socioeconómicos dentro de una zona (clases populares, medias o altas).

d) *Ser aplicable a los comerciantes o a los consumidores*, ya sea para "empujar" el producto hacia los comercios, o para "jalarlo" a su consumo.

e) *Tener resultados medibles*. Por medio de técnicas apropiadas que detallaremos en otros capítulos, puede evaluarse la eficacia del presupuesto invertido en una acción promocional según los resultados obtenidos.

f) *Hacer más efectivos los esfuerzos publicitarios* al cerrar la venta en el propio comercio, en compradores motivados por los mensajes comerciales que pueden ser reforzados por una promotora que les muestre el producto, les recuerde sus principales características y beneficios, e incluso, en muchos casos, les ofrezca una degustación u obsequie una muestra. La labor promocional puede desarrollarse en lugares donde exista una gran concentración de consumidores potenciales mediante entrega de muestras sin venta.

Por lo tanto, la promoción de ventas es una de las herramientas más importantes con que cuentan los ejecutivos de ventas y mercadotecnia para impulsar el conocimiento, compra y consumo de productos o servicios, así como para asegurar el logro de los objetivos de mercado y volumen de ventas comprometido en el plan anual de mercadeo, aun en períodos de crisis económica o especialmente en esos momentos, cuando está disminuido el poder adquisitivo de los clientes.

Para terminar este capítulo dedicado a establecer el marco teórico donde se desarrolla la actividad promocional es necesario incluir algunas recomendaciones para hacer las cosas bien desde el principio:

- *Reúna información,* la mayor cantidad posible, sobre sus productos, el consumidor y la competencia; analícela y establezca sus áreas de fuerza y debilidad. Este proceso lo ayudará a conocer su negocio y el "nicho" del mercado donde debe colocarse.
- *Fije objetivos realistas* para su actividad promocional, que sean congruentes con su participación de mercado y el presupuesto destinado a la acción.
- *Involucre a especialistas* en promoción de ventas a partir del momento en que pretenda diseñar la estrategia promocional. Evite hacerlo usted solo; recuerde que dos cabezas piensan más que una y, si está en sus posibilidades, haga una sesión de "lluvia de ideas" en la que participen sus agencias de publicidad y promoción para lograr la mayor creatividad posible.
- *Desarrolle el plan promocional* (cuándo y dónde) para soportar la estrategia (cómo) y hacer posibles los objetivos (qué), involucrando a todas las personas necesarias con responsabilidad final en el proyecto, desde la producción hasta la venta.
- *Use tiempos factibles* en su planificación. Pregunte a los diferentes responsables cuánto tiempo necesitan para desarrollar su parte. Evite imponerles tiempos difíciles de cumplir. Haga de las "urgencias" la excepción y no la práctica cotidiana.
- *Evalúe los aspectos legales* que en todo país regulan la actividad promocional, en particular cuando se refiere a juegos y sorteos con entrega de premios por azar.
- *Haga un seguimiento semanal* del proyecto a lo largo de todo su desarrollo; corrija las desviaciones de manera oportuna.
- *Evalúe los resultados* alcanzados y aprenda de ellos, documéntelos para utilizarlos en futuras promociones. Solicite comentarios a los involucrados e identifique las áreas a mejorar.

• *Use, pero no abuse de una misma promoción* porque esto acaba por distorsionar la imagen del producto. Ofrecer descuentos en el precio es una de las técnicas de mercadeo de las que más suele abusarse por su rápida instrumentación. Esta estrategia en particular es bien aceptada por vendedores y compradores, pero empleada con frecuencia acostumbra al consumidor a comprar el producto sólo cuando está en oferta. Evite caer siempre en el precio rebajado con una oportuna y creativa planificación de mercadotecnia que le permita usar las diversas posibilidades que ofrece la promoción de ventas, utilizando la más adecuada a las necesidades de su producto.

Todos podemos diseñar actividades promocionales, pero no siempre serán las más eficaces. Muchos se ofrecerán a instrumentarlas, pero no todos podrán hacerlo de modo eficiente.

CAPÍTULO 3

TIPOS DE PROMOCIÓN

José Luis Chong

Existen diferentes estrategias en promoción de ventas que, desde luego, conllevan distintos objetivos. Algunas funcionan bien para un tipo de producto y otras no; o bien, dos promociones pueden obtener el mismo resultado, pero una con un costo menor que la otra. También hay marcadas diferencias culturales de un país a otro; citemos como ejemplo el gran uso que tienen los cupones de descuento en Estados Unidos y su crecimiento incipiente en los países latinoamericanos y europeos.

Cada mecánica promocional tiene ventajas y debilidades, por lo que en algunos casos será necesario combinarlas. También deben considerarse la situación de mercado y el presupuesto disponible para promover el producto, así como la etapa en que este se encuentra dentro de su propio "ciclo de vida".

Al igual que el ciclo vital de los seres humanos, la vida de los productos y servicios tendrá su inicio, crecimiento, hasta madurar, y su declinación para, finalmente, desaparecer. En el caso de las personas, este ciclo puede durar, en México, 72 años para los hombres y un poco más para las mujeres.

Tratándose de productos, este proceso dependerá de la forma como se utilicen los elementos de la "rueda de la mercadotecnia". Podrá imprimirse nueva vida a los productos y servicios mediante relanzamientos publicitarios, modernización de etiquetas, reformulaciones, desarrollo de extensiones de línea, etc. cada vez que se identifiquen síntomas de envejecimiento en la imagen de la marca. No obstante, nueve de cada diez productos nuevos desaparecen en los primeros cinco años; los que subsisten deben contar con permanentes cuidados de su salud mediante estudios de mercado que indiquen el grado de satisfacción de sus consumidores y la tendencia general de su categoría dentro del mercado donde compiten.

Ciclo de vida de un producto

Volumen de ventas

Gráfica proporcionada por la Promotion Marketing Association of America (PMAA)

Introducción   Crecimiento   Madurez   Saturación   Declinación o renovación

Un producto nuevo tendrá como objetivo el incremento de consumidores mediante la prueba y compra de su marca; en cambio, para un producto maduro y saturado el objetivo será impulsar el crecimiento del mercado y ganar consumidores de los competidores. Para cada uno de estos objetivos existe una estrategia promocional adecuada.

Dicho esto, a continuación se detallan las estrategias promocionales más empleadas en México, relacionadas con el "ciclo de vida"; no obstante, entre ellas pueden existir combinaciones infinitas, sin contar con que la creatividad en su desarrollo será fundamental para el logro de los objetivos.

Ciclo de vida	Estrategia de promoción de ventas
INTRODUCCIÓN	a) Apoyo al punto de venta.
CRECIMIENTO	b) Muestras y degustaciones. c) Impulso a la distribución. d) Cupones.
MADUREZ	e) Promociones en producto.
SATURACIÓN	f) Presentaciones reusables. g) Colecciones. h) Licencias de personajes. i) Sorteos, concursos y "premios instantáneos".

Apoyo al punto de venta

A lo largo de la vida de un producto, es fundamental apoyar su adecuada presencia en los comercios para que todos los esfuerzos publicitarios y de promoción de ventas funcionen; más aún cuando se trate de productos nuevos que requieren ganarse un espacio en las estanterías de los comercios. Las inversiones realizadas en impulsar la imagen y el conocimiento de una marca resultarían infructuosas si el comprador no encuentra el producto anunciado.

Tres son los rubros básicos en este sentido: colocación del producto, material punto de venta y personal de apoyo.

Colocación del producto

Por lo general es necesario que una marca nueva esté ubicada justo al lado de una competidora con mucho prestigio para que sus consumidores habituales se vean atraídos hacia la nueva, o bien colocar en estanterías privilegiadas el producto que se desea introducir. Para muebles de cinco estantes, el espacio visual localizado a la altura de los ojos del cliente corresponde a los niveles tres y cuatro, contados de abajo arriba.

Para las marcas que ya tienen ganado un lugar fijo en las estanterías, es necesario obtener algún otro espacio de exhibición en las áreas de mayor circulación o en algún otro sector del mismo comercio. Para productos en oferta o que cuenten con algún otro tipo de actividad promocional simultánea serán recomendables exhibiciones adicionales en las "cabeceras" de góndolas.

Material punto de venta

Es de vital importancia el material punto de venta impreso que se instala en las exhibiciones para reforzar los mensajes publicitarios; es el caso de los muebles de diseño especial que el propio fabricante proporciona a los comercios para hacer más atractiva y cómoda la presentación de sus marcas. También son considerados como apoyo en el punto de venta los mensajes transmitidos por el sistema sonoro del local, los letreros colgantes o que sobresalen de las estanterías (*stoppers*) y las alfombras impresas.

Personal de apoyo

Los grandes fabricantes emplean anaqueleros que, pagados por ellos, son enviados a los supermercados para exhibir los productos y apoyarlos con material punto de venta, de acuerdo con un plano que establezca con precisión cuántos "frentes" de producto debe haber, junto a qué otras marcas y cuál será el orden de presentación, en caso de existir variedad de tamaños, sabores o aromas. Desde luego, para que el anaquelero pueda realizar su exhibición habrá que contar con la autorización de las oficinas centrales de la cadena de comercios.

Finalmente, debemos mencionar a las demostradoras enviadas por los fabricantes para impulsar la venta de los productos, quienes, debidamente capacitadas y uniformadas, constituyen un recurso de gran valor para asegurarse de que los consumidores adquieran los productos. Se encuentra documentado en mediciones realizadas por la Asociación Mexicana de Agencias de Promociones (AMAPRO) que una demostradora de ventas puede conseguir hasta en un 80% de las veces que los clientes cambien su marca acostumbrada por la que ella les ofrece.

Muestras y degustaciones

Una estrategia promocional muy importante es poner en conocimiento del consumidor las características y beneficios de los productos mediante entregas masivas de una presentación reducida (muestra gratis) o bien con degustaciones y/o demostraciones en el punto de venta. Para los productos nuevos lo recomendable es realizar ambas actividades.

La entrega de muestras puede efectuarse de diferentes formas, desde visitas casa por casa hasta en lugares públicos, y en algunos casos por correo. La elección dependerá del costo unitario de la muestra, el tipo de producto y el consumidor objetivo. Como ejemplo, pensemos en una muestra cara de un producto de moda para mujeres jóvenes; en este caso, por el alto valor de la muestra, lo ideal sería entregarla personalmente en el lugar de mayor concentración de compradoras potenciales objetivo; si el rango de edades lo permite, puede hacerse en una universidad o en centros de trabajo donde haya mujeres de entre 25 y 35 años.

Por el contrario, cuando la muestra tiene poco valor unitario y es de consumo generalizado (como una golosina), puede darse en lugares públicos como parques o centros de espectáculos. Los productos para el hogar por lo general se entregan casa por casa; si se trata de un artículo de limpieza puede dejarse en el buzón o meterse por debajo de la puerta; en el caso de alimentos se deberá entregar en mano, aunque esto resulte un poco más caro por la menor cantidad de muestras distribuidas por día de trabajo. Algunos productos de cuidado personal admiten la entrega de muestras por correo.

Las pruebas de uso y degustaciones en el interior de los comercios son muy recomendables para productos nuevos o reformulados, pues ellos requieren que se demuestren de manera efectiva sus mejoras. Los productos alimenticios y de uso en el hogar son los más beneficiados con este tipo de esfuerzos en los comercios. Su costo no es muy elevado si se tiene en cuenta que una demostradora puede realizar entre 100 y 120 contactos por día y lograr que el consumidor lleve el producto entre el 30 y el 40% de los casos, lo que asegura que el nuevo producto sea conocido y probado. Los comercios, como centros naturales donde se concentran amas de casa, hombres y niños durante los fines de semana, son también un lugar ideal para entregar muestras de productos populares para toda la familia.

Impulso a la distribución

Los productos de consumo popular deben estar disponibles en gran cantidad de comercios detallistas. Se estima que, a nivel nacional, existen 400.000 tiendas que manejan cigarrillos, golosinas, snacks y refrescos embotellados. En México, sólo los fabricantes de refrescos embotellados, dulces y golosinas pueden llegar hasta los comercios de poblados pequeños con sus propios sistemas de venta y de entrega de mercaderías.

Para el resto de los fabricantes hacer esto tiene unos costos imposibles de asumir, por lo que dependen de la distribución creada por su "caída" natural a través del canal de ventas de los mayoristas; es decir, que el detallista debe acudir al mayorista para surtirse personalmente, o bien la fuerza de ventas de este le hace llegar el producto.

En algunos casos es necesario brindar una ayuda a este proceso, en especial cuando se trata de productos estacionales, como bebidas en polvo antes del inicio de la primavera, o productos nuevos o reformulados que deban contar con una distribución "horizontal" al comenzar sus esfuerzos publicitarios. Será indispensable, en tal situación, realizar esfuerzos de apoyo a la distribución por medio de actividades promocionales relacionadas con el canal mayorista. De estas actividades hablaremos a continuación.

Un esfuerzo inicial, pero limitado en su alcance, consiste en promover la distribución desde el comercio mayorista; sin embargo, para productos con poco presupuesto esta constituye una actividad obligatoria. Un ejemplo de ello es ofrecer a los mayoristas una promoción llamada "Cuento y recuento", que consiste en otorgarle premios y bonificaciones en productos o en efectivo por las cajas que sus vendedores consigan vender en un tiempo determinado. También puede recomendarse una promoción llamada "Fuerte mostrador", que consiste en colocar promotores(as) de venta en sus locales para ofrecer el producto a los detallistas que acuden a proveerse. En este caso, lo más común es otorgar algún incentivo al detallista, como obsequios por medio de juegos de azar o alguna oferta múltiple, por ejemplo: "Compre 12 piezas y reciba 2 más gratis".

Un esfuerzo que, si bien requiere mayor inversión, finalmente resulta más efectivo es llevar el producto directamente hasta el comercio detallista, pero de forma que parezca que el producto proviene del depósito de los mayoristas, para no interferir en sus futuras ventas a estos clientes pues de ellos dependerá el abastecimiento futuro. Si el producto a impulsar tiene una presentación de fácil manejo, puede realizarse trasladando a un grupo de promotores, llamados "brigadistas", que, equipados con maletines, visitarán los comercios de una zona, ofrecerán la mercancía y la exhibirán apoyándose con material punto de venta.

Cuando se trate de productos de mayor tamaño o precio, lo recomendable es realizar las visitas a los comercios detallistas con un vehículo que transporte los productos listos para su venta al contado, para su exhibición y con publicidad impresa para ser dejada. En este tipo de actividad, es necesario visitar varias veces cada establecimiento para lograr mejores resultados, ya que en la primera visita habrá mayor resistencia por parte del comerciante para adquirir un producto del que no está seguro que pueda tener una rápida salida. Los sucesivos contactos con el mismo comerciante crearán una relación de servicio y mayor efectividad de ventas, lo cual contribuirá a aumentar la cantidad de comercios donde exista el producto propuesto. Al finalizar, suele dejarse a los comerciantes una lista de los mayoristas donde podrán proveerse en el futuro.

A los esfuerzos de distribución intensivos sobre un área determinada se los conoce con el nombre de *"blitzkrieg"*, emulando las campañas *"relámpago"* de las unidades motorizadas del mariscal alemán Erwin Rommel (1891-1944), en el norte de África, durante la Segunda Guerra Mundial.

Cupones

Esta actividad es una de las más usadas en Estados Unidos, pero en México su desarrollo apenas comienza. Sin duda, la falta de interés de los comerciantes en hacer efectivos los descuentos ofrecidos en los cupones ha influido en su limitado crecimiento. Sólo recientemente las principales cadenas de supermercados han permitido la instalación, en algunos de sus locales, de equipos expendedores de cupones de descuento; pero aún no existe una distribución masiva a través de medios impresos, como diarios y revistas.

En la actualidad, los cupones pueden utilizarse para promover la compra de una marca por medio de equipos automáticos instalados en las góndolas o ser entregados a los trabajadores como vales de compra. También para impulsar la recompra, otorgando el cupón en las cajas de pago, con un descuento efectivo en la próxima adquisición de la misma marca o en forma "cruzada", cuando han adquirido el producto de la competencia. Un ejemplo reciente: Nabisco ofreció cupones de descuento en sus productos a quienes compraban galletas Gamesa. Ambas marcas son muy conocidas en México.

En todos estos casos, la legislación de protección al consumidor obliga a mencionar en los cupones los establecimientos donde podrá hacerse efectivo el descuento ofrecido.

Esta actividad promocional es recomendable para productos nuevos que no cuenten con presupuesto suficiente para realizar entrega de muestras pero que requieran impulsar la compra de prueba, o bien para productos establecidos que pretendan que sus consumidores elijan presentaciones de mayor contenido o que busquen obtener clientes de su competencia.

Promociones en producto

Es frecuente que una marca conocida en el mercado realice actividades promocionales para modificar temporalmente su presentación original, ya que hacerlo para una de reciente lanzamiento distorsionaría la imagen que pretende crear.

Las cuatro principales promociones en producto son: producto adicional, regalos sorpresa dentro del empaque, productos o regalos a la vista y uso de empaques para canje.

Producto adicional

Consiste en obsequiar entre un 10 y un 20% del mismo producto. En estos casos es importante que en el propio empaque exista una clara mención del obsequio adicional para que no se confunda con una nueva presentación.

Regalos sorpresa dentro del empaque

En algunos productos (como cereales y golosinas) es posible agregar regalos, a veces coleccionables, en el propio empaque del producto. Existen proveedores especializados en surtir atractivos regalos de bajo costo. La Asociación Mexicana de Profesionales en Promoción (AMPPRO) agrupa a los principales distribuidores de este tipo de premios en México.

Productos o regalos a la vista

Los cosméticos y productos para el hogar con frecuencia empacan en plástico encogible artículos u otros objetos de obsequio. En estos casos, lo ideal es que sean complementarios, por ejemplo: un acondicionador unido a un shampoo, una cuchara con un frasco de café, etcétera. Cuanto más atractivo y original sea el obsequio, mayor será la salida de la oferta.

Uso de empaques para canje

Para promover las compras sucesivas de un producto es recomendable dar premios a cambio de la presentación de varios empaques en centros de canje instalados en los comercios.

También puede obtenerse del consumidor una parte del costo del obsequio.

Es conveniente que todas las promociones antes mencionadas no se extiendan por más de 90 días.

Presentaciones reusables

Algunos productos muy conocidos pueden cambiar su presentación normal por un tiempo determinado, empleando un empaque de lujo que sirva para uso posterior, distinto del original. Tal es el caso de jarras, botellas o frascos para la despensa, etc., que también pueden ser coleccionables y ser obsequiados total o parcialmente, ya que el fabricante suele aumentar temporalmente el precio.

Al igual que las promociones del punto anterior, es importante no abusar del período de venta y, para mantener bajo control el stock de esta presentación especial, se recomienda enviarla sólo a supermercados.

Colecciones

Los regalos sorpresa dentro del producto o del empaque reusable pueden ser coleccionables, pero además se puede incentivar el uso de artículos específicos de colección para asegurar compras repetidas de un producto o de varios de la misma empresa. Es el caso de los "Pepsilindros" que causaron sensación hace algunos años en México, cuando Pepsi los ofreció a cambio del comprobante de compra de determinado número de corcholatas más una parte del costo en efectivo. Las tarjetas impresas con jugadores, o los álbumes para pegar "estampas" son de gran aceptación en productos dirigidos a niños y jóvenes. Para este tipo de promoción deberá tenerse en cuenta el tiempo de consumo de la presentación ofertada, de forma tal que el consumidor pueda completar su colección dentro del período que dure la promoción.

Licencias de personajes

Para productos ya establecidos y con elevados presupuestos, sobre todo con gran volumen de ventas, puede contratarse el uso de personajes popularizados por la televisión o el cine para impulsar su venta. Walt Disney, desde el tradicional Ratón Mickey hasta sus más recientes películas, ha facilitado con frecuencia la imagen de sus personajes, a cambio de un porcentaje de las ventas, para que fuera impresa en productos de regalo o se hicieran presentaciones públicas mediante disfraces. *The Power Rangers* y *La Guerra de las Galaxias* han sido otros casos utilizados en mercadotecnia promocional con éxito.

Es frecuente también la contratación de estrellas de rock o de equipos deportivos para extender los conceptos publicitarios al terreno de la promoción de ventas, aunque en estos casos se corre el riesgo de vincular la marca al desempeño de los personajes contratados.

Sorteos, concursos y "premios instantáneos"

De forma similar, las marcas establecidas que disponen de presupuesto suficiente para recibir el apoyo de una promoción espectacular con publicidad en medios masivos suelen sortear grandes premios (casas, viajes, automóviles y un variado surtido de artículos para el hogar), por medio de tickets entregados a los consumidores en centros de canje, a cambio de sus comprobantes de compra.

Si el empaque del producto lo permite, puede solicitarse a los clientes que envíen directamente al fabricante etiquetas, códigos de barra, tapas, etc., para poder participar en el sorteo de los premios.

Esta actividad se transforma en un concurso cuando, además del comprobante de compra del producto, se requiere demostrar alguna habilidad, como hacer un dibujo, enviar una receta o una fotografía donde se muestre algún atributo personal, o participar en un certamen de belleza, cultura o canto.

También es factible premiar al azar a los compradores mediante una mecánica promocional denominada "premio instantáneo", que consiste en dar la posibilidad de ganar un premio si así lo indica una contraseña incluida en el producto o recibida al comprarlo.

Es importante señalar que tratándose de promociones con distribución de premios mediante sorteos, concursos o "premios instantáneos" será necesario contar con la asesoría legal y fiscal de expertos en la materia.

Son amplias las posibilidades dentro de la promoción de ventas, además de que en todos los casos la creatividad es un requisito indispensable. En los capítulos siguientes analizaremos, más específicamente, las características y variaciones de cada actividad, sus ventajas y desventajas, aspectos legales y de logística, formas de evaluación y control con ejemplos recientes.

CAPÍTULO 4

APOYO AL PUNTO DE VENTA

Amador Cárdenas

Durante la coyuntura de finales del siglo XX y principios del XXI, se ha dado un interesante crecimiento de los diferentes puntos de venta existentes en México. Para poder extendernos sobre el tema que nos ocupa, debemos primero definir qué es un punto de venta. Existen más de 500.000 puntos de venta en la república mexicana y los podemos dividir de la siguiente forma: comercios tradicionales, tiendas de conveniencia, tiendas de departamentos y comercios de autoservicio.

Comercios tradicionales

Existen a lo largo y ancho del país decenas de miles de comercios de este tipo; son los llamados "changarros" o "la tiendita de la esquina". Del total de puntos de venta nacionales, este segmento significa más del 90%; sin embargo, se dice que la tendencia mundial es que este tipo de negocios desaparezca, ya que el concepto del autoservicio lo está desplazando; al consumidor le gusta escoger lo que va a comprar y ya no confía ni acepta fácilmente que el comerciante le dé lo que él quiera. Personalmente veo difícil que en un país como México, con fuertes tradiciones y costumbres, desaparezca este punto de venta tan utilizado y que ayuda a todos. En estos comercios tradicionales encontramos artículos de primera necesidad, toda vez que son los lugares a los que acudimos para obtener lo que podemos consumir a diario. Con esta idea, pero con el propósito de mejorar en cuanto a la cantidad de productos que manejan, desde hace ya algunos años ha aparecido un nuevo sistema de comercio denominado *comercios de descuento*.

Tiendas de conveniencia

Englobado dentro del gran universo de los tradicionales, este tipo de negocio por lo general corresponde a un grupo o franquicia (Oxxo, 7-Eleven, etcétera.). Se trata de locales pequeños, con una superficie o piso de venta que va de los 100 a los 500 metros cuadrados, pero que por su infraestructura pueden manejar una cantidad importante de productos. Aunque de surtido limitado, son de autoservicio y sólo emplean a dos o tres personas para atender el negocio. Este concepto surgió en la década de los 80 y ha mantenido una gran expansión. Aquí podemos encontrar artículos de primera necesidad y consumo diario, con muy alta demanda, así como licores y algunos productos que no encontramos en los "changarros".

Tiendas de departamentos

Son grandes espacios que no solamente se dedican a la venta de casi todo tipo de productos, sino que algunos de ellos han ingresado al negocio de los bienes raíces: compran los terrenos en donde edificarán sus tiendas y venden o alquilan locales a otros negocios más pequeños. Normalmente también forman parte de un grupo de negocios; así encontramos cadenas de tiendas de departamentos como Liverpool, Palacio de Hierro, Sears, etcétera. También existe este tipo de comercios a nivel regional, como el caso de Galas o Fábricas de Francia. Estos negocios venden principalmente ropa para toda la familia, dividida en departamentos por sexo, edad, marca, etc., al igual que muebles y enseres para el hogar.

Comercios de autoservicio

Por su importancia para la realización de promociones en el punto de venta, este segmento es la principal fuente de creación de empleos para las agencias de promociones. Constituye el 6,5% del total de número de comercios del país; sin embargo, como veremos más adelante, significa el 58,1% del valor de ventas general. Aquí encontramos prácticamente todo lo necesario para el funcionamiento diario del hogar dentro de diversos sectores: carnes, salchichonería, comestibles, hogar, herramientas, blancos, farmacia, bebés, automotriz, audio, etcétera.

Existen dos grandes divisiones dentro del segmento que nos ocupa: los comercios del gobierno y los de iniciativa privada.

Comercios del gobierno

Son el 4,5% del total de comercios y están divididos básicamente en dos cadenas: los del IMSS y del ISSSTE. Los primeros corresponden al Instituto Mexicano del Seguro Social y los segundos al Instituto de Seguridad y Servicios Sociales de los Trabajadores del Estado. En ellos se encuentran todo tipo de productos de prácticamente todos los sectores, algunos de ellos con mejores precios que los de la competencia privada.

Comercios de iniciativa privada

Se dividen en:

- *Supermercado.* El primer negocio de este giro nace a fines de la década de los 40, específicamente el 9 de marzo de 1946, fundado por don Jaime F. Garza, quien en aquella fecha inauguró el primer SUMESA, tienda que formaría parte de la cadena Supermercados, S.A.

  Estos comercios, que se edifican sobre áreas que van de los 800 a los 1.500 metros cuadrados, constituyen el antecedente de los autoservicios modernos. En ellos se manejan todo tipo de productos, desde alimentos perecederos (como frutas, verduras, pescados y carnes) hasta comestibles (envasados y enlatados) y productos de uso frecuente (jabones, pastas de dientes, papel higiénico) y algunos artículos para el hogar en general.

- *Autoservicios.* Estas tiendas, cuya superficie se encuentra en el rango de los 5.000 a los 6.000 metros cuadrados, mantienen el concepto de los supermercados, pero de forma mucho más amplia, toda vez que venden, además, ropa básica, perfumería, discos, regalos, papelería, fotografía, artículos deportivos, accesorios para automóviles y mercancías en general. En estos negocios se trabajan de 25.000 a 30.000 artículos.

- *Bodega.* Su manejo es similar a los autoservicios; sin embargo, son comercios más austeros, ya que en su origen no tenían productos perecederos por considerarlos sectores sumamente costosos y su idea era presentar precios bajos a los consumidores. Con un área de ventas que va de los 2.500 a los 4.000 metros cuadrados, al día de hoy estos comercios han incorporado el sector de perecederos y manejan la mayoría de las líneas de productos, aunque con un sistema semimayorista que les permite mantener precios bajos en algunos de sus artículos. Solamente manejan entre 10.000 y 15.000 productos.

- *Hipermercado y megamercado.* Siguen la misma idea del autoservicio y tienen como objetivo manejar la mayor cantidad posible de productos y marcas bajo un mismo techo; su extensión va de los 4.500 a los 10.000 metros cuadrados para los hipermercados y con un rango de 40.000 artículos. Los megamercados, con una extensión superior a los 10.000 metros cuadrados y hasta 50.000 productos, son el tipo de negocio que cuenta con mayor cantidad de artículos.

- *Club de membresía.* Este tipo de autoservicio, que en los Estados Unidos lleva muchos años, aparece en nuestro país a principios de la década de 1990 y constituye un auténtico piso de ventas semimayorista ideal para el abastecimiento de tiendas pequeñas; pero exige que sus clientes se sujeten a disposiciones especiales, como tramitar una credencial para acceder a ellos, la compra de productos en caja o en un volumen mayor (institucional). Por otra parte, todos estos productos están ubicados en grandes tarimas. Por todo ello, su variedad de productos es escasa, pues sólo pueden encontrarse entre 3.000 y 5.000 distintas presentaciones.

Una vez bien conocidos cuáles son los lugares donde trabajamos algunas de las promociones, entraremos en materia teniendo en cuenta lo observado al inicio del capítulo anterior, donde se decía que los tres principales rubros que nos ocuparán en este apartado son: colocación del producto, material punto de venta y personal de apoyo.

Para comenzar a hablar sobre los puntos anteriores, deberíamos iniciar con una definición de *merchandising*, pero como existen innumerables acerca de este término, concluiremos por decir que el *merchandising* está formado por todas las acciones de *marketing* realizadas en el punto de venta.[1]

Por otro lado, si tenemos en cuenta que el objetivo del *marketing* de las empresas es crear la demanda de sus productos por medio de la publicidad y las promociones, podemos atinadamente relacionar la importancia del trabajo de *merchandising* en los puntos de venta como parte integral de las promociones de productos.

Colocación del producto

- *Descripción.* Es el *merchandising* de presentación o "visual", en donde las góndolas y todos los muebles o espacios de exhibición se convierten en un verdadero campo de batalla.

    Existe una regla en cuanto al *merchandising* o colocación del producto, que conocemos como regla de las 6A:

    1. El producto adecuado.
    2. El lugar adecuado.
    3. El tiempo adecuado.
    4. La cantidad adecuada.
    5. El precio adecuado.
    6. En la forma adecuada.

Es decir que la importancia para lograr una colocación de los productos del fabricante, adecuada en todos los sen-

1. Andrés, Amado J., *Apuntes de Merchandising,* Góndola Editmex, Madrid, 1983.

tidos, radica en no perder de vista ninguno de los seis puntos que presentamos arriba.

El personal que se encarga de esta labor es el anaquelero o mercaderista, quien, junto con el resto del personal de campo, será analizado más adelante.

- *Ventajas.* El contar con personal adecuado en cada local, para obtener un *merchandising* completo e ideal, casi siempre se traducirá en un incremento en las ventas de los productos que estemos atendiendo. Al mismo tiempo, evitará devoluciones al fabricante por productos caducados que no hayan tenido la adecuada rotación en las estanterías, entendiendo por rotación el movimiento de los productos que se encuentran en la parte de atrás para pasarlos al frente, después de haber colocado los nuevos en el fondo, de suerte tal que evite la caducidad (cuando la tengan) y cuide que la presentación sea siempre la correcta y adecuada.

  El primer "contacto real" que tiene el consumidor con los productos, después de haber aparecido en alguna campaña de publicidad, es en los estantes de los comercios, y una buena presencia ahí será fundamental para el desarrollo comercial de la marca.

- *Consideraciones.* Muchas veces existen en los comercios presentaciones que no merecen estar en sus estantes debido a su escasa rotación. Un ejemplo de ello podrían ser los "cubitos" de caldo, ya que son presentaciones más propias de comercios pequeños. En los autoservicios deben ofrecerse presentaciones en frascos o de mayor tamaño.

- *Ejemplo.* Los productos que además de poseer una óptima imagen tienen excelente *merchandising* son los que cuentan con mayor porcentaje de espacio en los estantes. Cada vez les parece menos rentable a los comercios contar con stock en sus depósitos, y por ello casi todos los artículos que poseen se encuentran en el área de ventas, especialmente cuando no se trata de hipermercados, megamercados o clubes de membresía.

Material punto de venta

• *Descripción*. A lo largo de los años se han ido incrementando los materiales utilizados para el apoyo de ventas en los comercios de autoservicio. Originariamente sólo se ponían cenefas (pieza colocada sobre las divisiones, sostenida por los mismos productos) y cartulinas. Sin embargo, y siguiendo la sofisticación del *merchandising*, ahora encontramos además diversos materiales que ayudan a mantener una comunicación más eficiente con los consumidores, como los *stoppers* (pequeños carteles que sobresalen de los estantes), colgantes (carteles que casi siempre anuncian las ofertas), *take one* (expendedores de material impreso publicitario o promocional), copetes (material impreso colocado en la parte central y superior de las estanterías), *posters* o carteles (casi siempre utilizados para "vestir" espacios grandes como "islas" o módulos de degustación).

• *Ventajas*. Cuando se cuenta con una buena planificación, con tiempo y con una comunicación adecuada con el cliente, existe la posibilidad de crear una verdadera sinergia entre la publicidad y la promoción. Los materiales punto de venta siempre deberán ser congruentes con la campaña publicitaria y lo que se pretenda "hacer" del producto mediante la promoción que se esté desarrollando. Son llamadas de atención para el público consumidor, y ellas harán que se acerque y conozca el producto, la campaña y la comunicación.

- *Consideraciones.* El abuso en la utilización de estos materiales ha hecho que los autoservicios no permitan su indiscriminada colocación, por lo que ya han surgido compañías especializadas dedicadas prácticamente en forma exclusiva a esta labor. Así, ahora los clientes deben pagar por un servicio que antes se obtenía gracias a contactos de las agencias y su personal con los gerentes o jefes de departamentos.
- *Ejemplo.* Además de la colocación de materiales, que como comentábamos está dominada por unas pocas empresas especializadas, la mayor parte de la comunicación impresa existente en los locales de venta depende en forma directa de los propios comercios y está dirigida básicamente a comunicar ofertas específicas.

Personal de apoyo

El renglón del personal de campo es la columna vertebral de la mayoría de las agencias y se divide fundamentalmente en dos grandes departamentos:

- *Merchandising* o anaqueleros.
- Impulsoras de ventas o demostradoras.

El anaquelero se encarga del manejo, colocación, rotación, limpieza y cuidado de los productos del fabricante, desde que se encuentran en el almacén del comercio, hasta que son colocados en los estantes para su exhibición y venta.

La labor del anaquelero es indispensable para la mayoría de los grandes fabricantes, toda vez que, además de lo antes indicado, debe dedicarse a conseguir mejores y mayores espacios en los estantes. Esta labor cada día es más difícil, ya que los comerciantes han desarrollado planogramas de colocación de los productos teniendo en cuenta su rentabilidad y rotación.

Otra tarea importante es la colocación del material punto de venta; es decir, aquellos impresos (como carteles, cartulinas, cenefas, etc.) que servirán para publicitar y promocionar los productos directamente en los comercios.

Las demostradoras, por su parte, según la labor que deban desarrollar, pueden subdividirse en cuatro grandes grupos:

1. La impulsora de ventas.
2. La degustadora (véase el capítulo 5).
3. La promotora que entregará muestras (véase el capítulo 5).
4. La operadora de centros de canje (véase el capítulo 12).

La impulsora de ventas junto con el anaquelero son las armas más importantes de los fabricantes en los puntos de venta, pues de ellos depende tanto la rotación de los productos como que su venta se lleve a cabo.

Las herramientas que podrá usar la impulsora de ventas son variadas, de acuerdo con el tipo de producto; así, en algunos casos podrá ayudarse con degustaciones y en otros solamente se apoyará en su desarrollo profesional como "vendedora" experta, por lo que también su capacitación cobra un muy importante papel.

Independientemente de la propia labor de ventas, este personal de campo debe preparar los informes que se entregarán al fabricante, los cuales deben incluir básicamente:

• Stock inicial.
• Reaprovisionamiento.
• Degustaciones (cuando se realicen).
• Ventas.
• Stock final.
• Observaciones.

Todo para cada una de las líneas de productos o marcas que estén atendiendo.

Contratación

La labor de la agencia comienza desde el momento del reclutamiento del personal, tanto sea para un proyecto institucional como para uno con duración limitada, tal vez de cuatro a seis semanas o una promoción sólo para fines de semana. En este último caso habrá que definir si se entiende por fin de semana tres días (viernes, sábado y domingo) o sólo dos. Podría tratarse también de un proyecto en donde nuestras demostradoras deberán hacer degustaciones de su producto tres días por semana, pero en forma alterna; es decir, tal vez un miércoles en alguna cadena, y el sábado y domingo próximos en otra.

Una persona que trabaje solamente durante tres días no puede ganar lo mismo que quien lo haga toda la semana, por lo que se deberá cotizar en forma independiente cada proyecto, de acuerdo con sus propias necesidades.

A lo anterior habrá de sumársele si se trata de una campaña local o nacional, si se cuenta con tiempo suficiente para la capacitación, la contratación (renglón dentro del cual se deberá llenar una serie de requisitos de la legislación laboral, lo que siempre lleva tiempo) y, finalmente, todos los aspectos administrativos, como la elaboración de credenciales, autorizaciones de ingreso, tarjetas de checar (sistema de control de asistencias) y muchos otros etcéteras.

Ventajas

Se cuenta con suficientes datos que nos indican que con personal eficiente en el piso de ventas, estas pueden incrementarse considerablemente, dado que la decisión de compra en el punto de venta puede ser modificada en ese momento; es decir, si un consumidor acude a comprar determinado producto, puede cambiar su decisión en el mismo momento en que se encuentra en el punto de venta si existe una demostradora que apoye promocionalmente a otro producto. Tal como mencionamos en el capítulo 3, las mediciones realizadas por la Asociación Mexicana de Agencias de Promociones (AMAPRO) indican que una demostradora de ventas puede lograr hasta en un 80% de las veces que los clientes cambien su marca de costumbre por la que se ofrece con promoción.

En el siguiente gráfico se representa el comportamiento comercial de un producto, que puede interpretarse de la siguiente forma: el punto A indica la tendencia de ventas del producto durante dos semanas SIN demostradora; el punto B, durante dos semanas CON demostradora y el punto C dos semanas después de haber estado la demostradora. Esto significa que la tendencia de ventas se mantiene por encima de los parámetros anteriores durante las semanas siguientes, aun sin la presencia de una demostradora.

Ventas

| 1as. 2 semanas | 2das. 2 semanas | 3ras. 2 semanas |

Cuadro de resumen

Estructura comercial	Universo según tipo de tienda	
Universo total de tiendas: 500.000		
	% del total	Valor en ventas
Autoservicios iniciativa privada	2,00%	40,90%
Tiendas del gobierno	4,50%	17,20%
Tiendas tradicionales	93,50%	41,90%

Diez recomendaciones para el óptimo desempeño del personal de apoyo en el punto de venta

1. *Defina con claridad lo que contrata.* Todos los que nos dedicamos profesionalmente a la promoción en el punto de venta sabemos que las responsabilidades de un anaquelero son distintas de las de una promotora de ventas o demostradora. El primero abastece las exhibiciones con el producto que trae del almacén, los rota, limpia y exhibe, y también coloca material publicitario. No tiene contacto con el público, salvo para dar alguna orientación a los consumidores sobre dónde se encuentra el producto que busca. La promotora de ventas o demostradora tiene como función principal impulsar el conocimiento y venta de los productos, aborda al público y únicamente surte los estantes cuando falta mercancía. Cuando por necesidades de imagen de marca se requiere de una mejor presentación para realizar este trabajo, se contratan demoedecanes o edecanes, según el presupuesto del que se disponga. Se dice que una promotora de ventas es quien impulsa la venta sin realizar una demostración de los atributos del producto, pues si lo hace la llamamos demostradora.

2. *Pague sueldos competitivos.* Es importante respetar la clasificación anterior para poder determinar el sueldo al contratar el personal. Las agencias AMAPRO realizan encuestas de

sueldos y prestaciones con los principales clientes para poder respaldar las cotizaciones a los fabricantes cuando solicitan el servicio. La encuesta considera los niveles de anaqueleros, empleadas de salchichonería, promotoras de ventas o demostradoras, demoedecán y edecán (y otros, como supervisores). Los niveles de sueldo guardan también esa jerarquía. Para evitar que la competencia se lleve al personal entrenado y experimentado, ofrezca sueldos competitivos y trabajo semanal. Los planes promocionales con sueldos menores del promedio y labor en fines de semana son los que mayor rotación de personal registran.

3. *Proporcione uniformes y equipo de trabajo adecuado.* La presentación del personal es importante para respaldar la imagen de la marca. Una promotora de ventas, demostradora, demoedecán o edecán requieren uniformes con los colores y logotipos del producto, excepto en aquellas cadenas de comercios que por reglamento establecen sus propias características; sin embargo, siempre será más fácil lograr la autorización para usar el propio uniforme si este es atractivo. Para un anaquelero (a) el uniforme deberá ser cómodo para el trabajo físico y de colores que disimulen la suciedad por el manejo de cajas. Todo el personal deberá contar con el equipo de trabajo adecuado a la labor que debe realizar. Es frecuente olvidar que los anaqueleros deben tener una mochila para transportar cortadores, preciadoras, engrapadoras, cinta adhesiva y material publicitario, así como la indispensable faja protectora de la cintura y espalda.

4. *Capacite en serio.* Evite que su personal se muestre inseguro o débil en la argumentación de las características y beneficios del producto que está apoyando.

Al contrario de lo que parece, el personal de promociones valora estar preparado para realizar bien su trabajo. Organice correctamente el entrenamiento previo al inicio del plan, con todos los elementos que se utilizarán.

Destine el tiempo adecuado para que las instrucciones sean asimiladas y puestas en práctica. AMAPRO ofrece como ventaja adicional el uso de los manuales de su "Sistema Nacional de Capacitación" en todas sus agencias afiliadas. Dichos manuales están avalados por la ANTAD, Asociación Nacional de Tiendas de Autoservicio y Departamentales. A partir de finales del año 2005, se ha desarrollado un programa de capacitación, respaldado e impartido en las instalaciones del Colegio Nacional de Educación Profesional Técnica (CONALEP), a lo largo y ancho de la república mexicana. Dichos cursos están divididos en diversas etapas que van desde un curso básico de cuatro horas, hasta otros avanzados que permitirán a quienes los tomen optar por mejores puestos de trabajo en sus respectivas áreas. El personal capacitado recibe un carnet AMAPRO de identificación.

5. *Fije objetivos alcanzables.* Una fuente de frustración y causa de renuncia del personal es no alcanzar los objetivos establecidos por el plan promocional. Una cosa es cuánto se debe vender para hacer financiable la promoción y otra son las posibilidades reales de venta del producto según las condiciones del mercado en un momento dado. Siempre será necesario hacer un ajuste de objetivos transcurrida la primera semana de trabajo. Si establece premios económicos según las ventas, distribúyalos proporcionalmente a los resultados alcanzados en el promedio de todo el equipo. No ponga la zanahoria demasiado lejos.

6. *Emplee coordinadores o supervisores de campo.* Por ahorrar aproximadamente un 10%, algunos fabricantes pasan la coordinación de demostradoras y anaqueleros a su fuerza de ventas, lo que en la mayoría de los casos deja al personal sin apoyo para la solución de sus problemas, sin control para evitar que sea utilizado por el comercio en labores ajenas a lo establecido y sin reentrenamiento para la "mejora continua" en sus funciones. Dejar de emplear coordinadores o supervisores de campo especializados es un

ahorro mal entendido, pues resta efectividad en el 90% de la inversión y compromete el valioso tiempo de los representantes de ventas, cuya labor principal es mantener adecuados niveles de stock en los comercios.

7. *Planee adecuadamente su apoyo promocional.* Las campañas de demostradoras tienen (como todo trabajo) una curva de aprendizaje hasta llegar al óptimo desempeño.

Es sorprendente que algunos fabricantes soliciten el apoyo de 30 demostradoras por una semana, o inclusive por un fin de semana, dejando sin soporte promocional al producto durante el resto del año. El costo de producción de uniformes, muebles de degustación y equipos de trabajo, más el gasto de contratación, entrenamiento y registro del personal en cada comercio puede ser capitalizado únicamente a partir de planes con duración de 30 días como mínimo. Asigne a sus demostradoras una ruta de comercios anticipadamente, para evitar sorprenderlas con los cambios producidos por la rotación.

8. *Motive mediante la oferta de reconocimientos.* Aliente a su personal de promociones ofreciéndoles seguridad y empleo, y premios por el trabajo distinguido. Planee el apoyo por fechas y secuencial a varios productos de la misma empresa o de varias empresas no competidoras, de forma tal que pueda ofrecer períodos de trabajo cada vez mayores al mismo personal. Lo anterior creará "amor a la camiseta" y un mayor conocimiento de las características y beneficios de los productos, así como de los argumentos de venta que se manejan. Por otra parte, reconozca públicamente, mediante juntas periódicas, a los demostradores y anaqueleros que realicen un trabajo sobresaliente con premios; lo ideal sería en especie o en efectivo, pero si no hay presupuesto podrían ser simbólicos.

9. *Mantenga al personal informado.* Comunicar al personal que trabaja en los comercios de todo el país los cambios en los productos, sus apoyos publicitarios y promocio-

nales, e incluso las actividades de la competencia, fomenta el "espíritu de equipo". Es bastante frecuente que las demostradoras y anaqueleros se encuentren con un cambio de presentación o alguna oferta cuando el producto llega a las góndolas. Informe oportunamente a su agencia de promociones estos cambios y sus nuevos argumentos de venta y estrategias de exhibición.

10. *Contrate una agencia profesional.* Si un fabricante es profesional no pensará que el personal de apoyo al punto de venta "es un mal necesario". Por el contrario, conocedor de costos y beneficios, y sobre todo de la importancia que tiene complementar los esfuerzos publicitarios con el apoyo al punto de venta, no confiará la campaña promocional a su "compadre" por mucho que lo aprecie. Realizará una cuidadosa selección de su proveedor de promociones y se involucrará con él en la planificación, producción y seguimiento de la campaña, concediéndole un asiento en las juntas de mercadotecnia y ventas, donde se evaluarán los resultados. Sólo un profesional puede evaluar la importancia de confiar su presupuesto a una agencia de promociones que sea de ¡ligas mayores!

CAPÍTULO 5

MUESTREOS Y DEGUSTACIONES

José Moya

En este capítulo nos referiremos a dos tipos de actividades promocionales relacionadas y orientadas directamente al consumidor final: los muestreos y las degustaciones. Dada su eficacia, son las más utilizadas por el departamento de mercadotecnia para alcanzar los objetivos establecidos:

- Dar a conocer y/o difundir las características y beneficios de un nuevo producto.
- Revitalizar una marca o producto establecido mediante el cambio de embalaje o el lanzamiento de nuevas presentaciones.

Es decir, poner en contacto en forma directa al consumidor con el producto sin que ello represente una erogación económica para el consumidor, permitiéndole identificar de manera fehaciente las características visuales, físicas, orgánicas, etc., del producto en cuestión.

Es importante considerar que, aunque el objetivo perseguido por estos dos tipos de estrategias promocionales sea similar, la mecánica y logística de cada una de ellas difieren entre sí de manera sustancial, por lo que las trataremos en forma separada.

Muestreos

La entrega de muestras ofrece, como una de sus principales virtudes y beneficios, la posibilidad de ser realizada exactamente en el lugar donde el consumidor objetivo se encuentra presente. Es decir, en función del perfil del consumidor al que se pretende impactar se determina el lugar idóneo para realizar la entrega de muestras y lograr mayor cobertura de consumidores o usuarios. Algunos ejemplos de lo expuesto podrían ser los siguientes:

Categoría de producto	Lugar recomendado
Toallas femeninas	Escuelas secundarias femeninas.
Cremas para afeitar	Clubes deportivos, *spas,* etcétera.
Cereales, jabones, etcétera.	Hogares.

En términos económicos, los planes promocionales tipo entrega de muestras basan su eficacia en dos conceptos principales:

1. Velocidad.	Eficiencia, entregas por día de muestras.
2. Conversión de usuarios.	Cantidad de usuarios que han cambiado a la nueva marca.

(Sobre tipo y costo de la muestra, consultar el capítulo 3 "Tipos de promoción".)

El primer concepto puede lograrse mediante una adecuada selección de los lugares donde entregar muestras; es decir, cuanto más acertada sea esta, mayor cantidad de unidades de muestras podrán ser entregadas por cada una de las personas involucradas en la actividad.

Casi siempre la responsabilidad de la correcta selección de los lugares corresponde a la agencia promocional que conducirá el proyecto. Si la empresa determina realizar directamente ella la entrega de muestras, esta responsabilidad caerá automáticamente en el departamento de mercadotecnia.

El segundo concepto, la conversión de usuarios, objetivo fundamental de esta actividad, lo determinarán la calidad y el precio del producto en cuestión, así como la adecuada distribución en el punto de venta. Todos estos factores serán responsabilidad única y exclusiva de la empresa fabricante.

La clave del éxito de esta estrategia promocional reside en establecer sistemas de control para el correcto uso del producto de muestra, ya que, por razones de costo, por lo general los fabricantes no producen presentaciones especiales para muestras (*trial size*). Tampoco esas presentaciones suelen llevar la inscripción de "muestra gratis", lo que, cuando fallan los controles, permite que la muestra se comercialice.

Esta situación puede verse agravada por la gran cantidad de personal de campo (entregadores de muestras) que se necesita para ejecutar esta estrategia promocional, superior a la de cualquier otro tipo. Además, el perfil socioeconómico de este personal suele ser de los más bajos.

Pero regresemos a la parte fundamental de esta estrategia, que es la logística. Es indudable que el control y la eficiencia pueden lograrse mediante los siguientes mecanismos:

- La adecuada selección y capacitación del personal, tanto el administrativo como el de campo, que se pretenda utilizar en el plan.
- La estrecha supervisión del personal que realiza físicamente la entrega de muestras por medio de coordinadores confiables.

• Un permanente y sistematizado control de stocks de las muestras, con información cruzada de resultados e informes de salida de unidades del depósito por grupo o brigada de trabajo, así como informes diarios de trabajo presentado por cada elemento de campo.

Tanto los fabricantes como las agencias promocionales deben enfrentarse con serios problemas durante este tipo de acciones, pues al manejar importantes cantidades de producto su control resulta sumamente delicado. Es indispensable que existan suficientes sistemas y procedimientos de control para evitar "fugas" o extravíos de producto.

La ejecución del muestreo en hogares deberá considerar también la supervisión necesaria para garantizar la entrega del producto en los términos planeados. Es importante destacar que aun en estos casos no todas las acciones son similares, ya que existen innumerables variantes dependientes de diversos factores y necesidades de la marca (nivel socioeconómico, dirigida, selectividad, edad, sexo, contacto, prueba, etcétera).

Desde luego, es importante considerar que la cantidad de muestras a entregar debe representar un porcentaje interesante del universo de habitantes de las zonas, áreas o ciudades donde se realice. De no ser así, el resultado final se perderá y la inversión sería poco interesante. Por ejemplo, si las muestras llegan a menos del 10% de los usuarios potenciales del producto en una misma ciudad, no se obtendrá efecto alguno y el esfuerzo se verá diluido.

Dicho de otra forma: en una ciudad con 500.000 habitantes, de los cuales 100.000 son adultos de 20 años o más y las muestras son de un desodorante dirigido a ese sector es necesario llegar a la mayor parte de ellos, es decir, cuanto menos al 25 o 30% de la población (25.000 o 30.000 adultos).

Por otra parte, es necesario tener en cuenta que deberá reunirse la totalidad de la cantidad de muestras a distribuir antes de iniciar el trabajo de campo, de lo contrario, si por cualquier motivo se agotaran una vez comenzado el trabajo, los costos del reaprovisionamiento crecerán en forma notable por los "tiempos muertos", lo que afectará seriamente a la eficacia del proyecto.

La entrega de muestras debe ser instrumentada por quienes tengan suficiente experiencia en este tipo de acciones. Casi siempre es realizada por las agencias promocionales que brindan sus servicios a los fabricantes, quienes a su vez también prefieren operar con un proveedor externo por su amplia experiencia, estructura, cobertura y rápida reacción del personal y los controles que posee. Además, este tipo de proveedores ofrece la ejecución de un trabajo con muestras en cualquier lugar o área del país e iniciarlo en un lapso muy corto, lo que difícilmente puede realizar una empresa, cualquiera sea su tamaño.

Modalidades de muestras

Desde luego, existe una amplia gama de modalidades de muestras y sería imposible enumerarlas. Todos hemos recibido o visto alguna muestra de un producto o servicio en el correo, en una revista, en el recibo telefónico, en el auto, en el diario, en un centro comercial, en el club; hasta nos hemos encontrado una muestra adherida al propio producto que de modo eventual compramos en el "súper" o en la farmacia. En fin, sería imposible documentar las variantes existentes.

Es decir, la entrega de muestras es muy versátil y casi podríamos afirmar que depende de la imaginación, planificación, ejecución y control para lograr que sea algo creativamente atractivo y eficiente.

Degustaciones

Esta actividad promocional es una excelente herramienta para dar a conocer las bondades de un nuevo producto, una nueva fórmula, un nuevo sabor, un producto mejorado, etcétera. Desde luego, existen alternativas para abonar e impactar al consumidor potencial con el propósito de que pruebe el producto, que es el objetivo central de esta acción.

Naturalmente, detrás de la degustación está la intención de provocar la compra del producto promocionado, aprovechándose del apoyo logrado durante la degustación. Es decir, todo lo que se invierta en un plan de degustación (los recursos humanos, material de trabajo, abastecimiento, logística, etc.) sólo será eficiente cuando con ello se consigan nuevos clientes.

Al contemplar la posibilidad de realizar una degustación es importante orientarla hacia los lugares de mayor concentración de consumidores, con el fin de incrementar la cantidad de impactos por "degustador(a)" por día. Además, se recomienda abarcar un gran universo de puntos donde realizarla, o sea, la mayor cobertura posible (*reach*) de la localidad, área o ciudad donde se pretenda actuar.

Hoy en día, esta estrategia promocional en algunos casos genera cierta polémica, pues mientras algunos defienden sus beneficios, otros creen que sólo es una buena alternativa para "desayunar en el súper" y que no representa mayor beneficio para la marca promocionada.

Consideramos que las dudas pueden tener algún fundamento; sin embargo, en los casos de nuevas fórmulas, sabores, etc., es fácil comprobar la eficiencia de un plan de degustación mediante un control de la cantidad de salidas del producto antes de iniciarlo. Cuando se trate de nuevos productos, deberá establecerse un nivel razonable de contactos diarios de consumidores y una estimación de ventas efectivas logradas con la labor de degustación. La medición final permitirá establecer con toda precisión la eficiencia de la actividad.

Existen algunas consideraciones importantes a tener en cuenta al planear un plan de degustación. Algunas de ellas se describen a continuación.

Preparación

En muchos casos el producto a degustar no puede ser servido directamente del embalaje de venta; requiere cierta preparación con el agregado de determinados condimentos, lo que queda en manos de quien ofrece la degustación; por consiguiente, también de ello dependerá la aceptación o rechazo del consumidor. Es vital no alterar con demasiados condimentos el sabor original del producto ofrecido en degustación.

Ejecución

Es importante que en el diseño del plan de degustación se consideren las negociaciones necesarias para que el trabajo diario pueda realizarse en forma adecuada. Por ejemplo, deberá instalarse un *stand* o mueble de ciertas dimensiones en el sector donde el producto está a la venta, se hará para un producto en especial, se necesitarán tomas eléctricas, participarán una, dos o más personas en la labor diaria, etcétera. Asimismo, se requerirá un espacio suficiente para guardar materiales o productos, o, si fuera necesario, un lugar en las cámaras refrigeradoras del local, etcétera. Existe una extensa lista de puntos importantes que debe tenerse presente desde la planificación para evitar imprevistos que ocasionarían conflictos con los clientes.

Personal

A pesar de que la labor de degustación ofrece importantes beneficios a la marca, no siempre es fácil su implementación. Por ello, se recomienda contar con el apoyo de expertos en este tipo de actividades, de preferencia agencias promocionales.

Específicamente, son muy importantes el reclutamiento, la selección, contratación, capacitación y supervisión del personal que participará en la labor de degustación, todo ello con la suficiente antelación para lograr un grupo idóneo y perfectamente preparado, lo que es imposible con contrataciones apresuradas.

Por otra parte, también es necesario considerar la posibilidad de ir rotando los *stands* o muebles degustadores de local en local, situación laboriosa que requiere una planificación adecuada y oportuna.

Para realizar este tipo de actividades de promoción, suelen preferirse los supermercados, pues ofrecen mayores ventajas en términos de ubicación, número de consumidores, facilidades internas, imagen y, desde luego, por tratarse del canal donde se desplaza un importante volumen de productos.

CAPÍTULO 6

IMPULSO A LA DISTRIBUCIÓN

José Luis Chong

Las estrategias promocionales tratadas en este capítulo son las que tienen por objetivo impulsar la disponibilidad del producto en el mayor número posible de comercios para crear lo que se denomina *distribución horizontal* o *distribución numérica*. Con estas estrategias también se pretende fomentar la salida de mercancías a través del canal de ventas que comparten fabricante, mayorista y detallista.

Estrategias propuestas: cuento y recuento, fuerte mostrador, brigadas de distribución, *blitz* de distribución, plan combinado y promotores especiales.

Cuento y recuento

Descripción

Consiste en impulsar el movimiento del stock de los mayoristas hacia los comercios detallistas, ofreciéndoles a los primeros un incentivo por cada caja de producto vendida por medio de sus promotores, personal de mostrador o ambos. Por su atractivo, es frecuente proponer como incentivo artículos electrodomésticos (televisores, radios, etc.), o bien algunos de menos costo de uso personal (relojes, lapiceras, calculadoras, etc.), que pueden ser adquiridos por la empresa con grandes descuentos por cantidad.

Es importante dirigir el incentivo hacia los vendedores y no al propietario del comercio, pues este ya cuenta con la utilidad de la venta. Será necesario, por lo tanto, establecer un sistema de control de las personas que participarán en la promoción y, con la ayuda del mayorista, registrar las ventas logradas por cada una de ellas semanal o quincenalmente para que puedan hacerse acreedoras de los premios.

Ventajas

Es la forma más económica de impulsar la disponibilidad del producto en los comercios minoristas. Además, puede ser una propuesta interesante para los mayoristas que cuenten con stocks superiores a lo normalmente necesario y se encuentren en situación de no poder pagar sus facturas vencidas e imposibilitados de hacer nuevos pedidos al fabricante. También es aplicable cuando tengan en stock algún producto de presentación anterior o de corta vida. Su instrumentación es sencilla y puede realizarla el propio representante de ventas del fabricante.

Desventajas

A veces no es algo sencillo controlar las existencias del producto a promocionar, ya sea porque el mayorista posea varios depósitos o porque en ellos falte espacio u orden y sea difícil cotejar el movimiento de unidades. Esta promoción no es recomendable para productos con serios problemas de demanda, pues el personal del mayorista, presionado por la resistencia de los detallistas, tiende a dejar de lado la promoción y manejarse con otros productos.

Recomendación práctica

Calcular un porcentaje (del 10 al 20) del total de cajas a promover para que, convertido en premios, pueda ser ofrecido a los vendedores del mayorista. Considerado el costo de cada premio, determinar el número de cajas que deberán venderse para obtenerlo. Hacer folletos y/o cartulinas con tablas de equivalencias de cajas a vender para obtener cada uno de los regalos y realizar una presentación que motive a los participantes. Informar periódicamente del número de cajas acumuladas por cada vendedor, para mantener el interés en la campaña.

Fuerte mostrador

Descripción

Es una manera de apoyar la "caída" de producto del mayorista hacia el detallista para asegurar su disponibilidad en todo tipo de comercios mediante la colocación de promotores(as) de venta en los establecimientos de los mayoristas, quienes abordarán a los compradores potenciales que llegan a proveerse. Para asegurar que los promotores vendan, puede ofrecerse un incentivo de bajo costo obtenido en forma directa por la venta del producto, o bien uno de mayor costo que se gane mediante un juego de azar. Siempre será más atractivo ofrecer un artículo promocional que únicamente un descuento en el producto.

Ventajas

Asegura contar con un vendedor uniformado, especializado y capacitado en las características y beneficios del producto que impulsa la venta en el mismo lugar donde acuden los detallistas a surtirse en forma natural y periódica.

73

Generalmente, en este tipo de apoyo puede llegar a instalarse en el establecimiento desde una exhibición especial hasta un mueble exhibidor con el producto a promover, así como material publicitario impreso de gran tamaño, como cartulinas o anuncios rotulados.

Desventajas

No es recomendable mantener esta promoción en el mismo establecimiento por más de 30 días, ya que al dejar de ser una novedad, la efectividad tiende a decrecer; por lo tanto, es preferible rotarla, de ser posible cada 15 días, entre los principales clientes mayoristas para también evitar el posible disgusto de alguno de ellos por no contar con este apoyo a sus ventas.

Algunos fabricantes otorgan una bonificación, ya sea mediante nota de crédito o entrega de más producto, para que el mayorista baje el precio de venta al público durante la campaña promocional; esta es una forma de crear un atractivo o "gancho" al producto, efectiva y fácilmente, sobre todo cuando es importante el descuento al comerciante detallista. Deberá evitarse en estos casos que grandes cantidades sean adquiridas por semimayoristas, pues no se estará logrando el objetivo de crear distribución horizontal.

Recomendación práctica

Suelen ofrecerse dos unidades gratis en la compra de 12, o bien el valor equivalente (a precio al público) en un pequeño artículo promocional que sea útil al comerciante, como un bolígrafo con la marca del producto, una calculadora, etcétera.

A los fabricantes de productos de gran rotación, de los cuales el detallista debe proveerse varias veces dentro de un plazo razonable (digamos 90 días), les es factible realizar varios sorteos de premios importantes o bien proponer el canje de comprobantes de compras repetidas por artículos de precio medio, como chamarras, "diablos", balanzas, etcétera.

Brigadas de distribución

Descripción

Se trata de un equipo de trabajo compuesto por un grupo de promotores de venta uniformados, transportados en un vehículo junto con un supervisor, quien, al llegar a la zona de trabajo, asigna a cada uno de los promotores un territorio, donde deberán, caminando, visitar los comercios objetivo, mediante el sistema de "peinado", calle por calle.

Cada promotor estará dotado de productos para venderlos al contado, material publicitario impreso y obsequios para el detallista. El supervisor hará contactos repetidos con los promotores durante la jornada de trabajo para reabastecerlos de mercancías y material promocional, recibir el dinero producto de las ventas y apoyar la labor de aquellos que tengan bajos promedios de efectividad.

Es recomendable que el mismo producto distribuido por esta brigada haya sido adquirido por algún mayorista de la zona, a precio rebajado, para poder dejar en los comercios visitados sus datos y la indicación de que allí podrán proveerse en el futuro. También es conveniente programar varias visitas de esta brigada a la misma zona, como un servicio para que el detallista se acostumbre a manejar el producto.

Ventajas

Lleva personalmente el producto en promoción hasta el propio establecimiento de los detallistas y brinda mayores oportunidades de venta dado que en ese momento el comerciante cuenta con más disponibilidad de efectivo, al contrario que cuando acude al mayorista, pues en general lo hace con un presupuesto específico y un plan de lo que necesita comprar.

La visita a los detallistas en su establecimiento también permite colocar material punto de venta y, lo más importante, colocar el producto vendido en un lugar preferente.

Desventajas

Cuando se trate de un producto voluminoso, pesado o con gran variedad de sabores o presentaciones resultará escasa la dotación de trabajo del promotor, y la camioneta "nodriza" deberá hacer repetidos viajes para reponer el producto vendido; también es frecuente que se pierda mucho tiempo en localizar a cada promotor, mientras algunos o todos los demás se quedan esperando sin mercancía.

Recomendación práctica

La cantidad de comercios que se puede visitar en un día de trabajo está inversamente relacionada con la distancia que exista entre ellos. Cuanto menor sea el poder adquisitivo de los habitantes de la zona en que se esté trabajando mayor será la cantidad de comercios detallistas y, al mismo tiempo, será más frecuente encontrar ventas de comestibles que farmacias, papelerías o ferreterías, entre otros.

Hablando de ventas de comestibles, una brigada como la que se propone, de cuatro promotores, puede visitar entre 100 y 120 comercios de este tipo por día de trabajo, lo que representa entre 25 y 30 por promotor. Si se busca otro tipo de comercio, este número puede reducirse a la mitad, y por lo tanto será más eficiente usar transporte público.

La efectividad en ventas dependerá de la demanda que tenga el producto y de la oferta que se le haga al detallista. Siempre será más eficaz contar con una oferta atractiva para lograr mayores ventas, y así será más rentable lo invertido en el esfuerzo.

Blitz de distribución

Descripción

Consiste en un grupo de camionetas rotuladas con la imagen de la marca, producto y/o mensajes publicitarios. Cada una de ellas estará a cargo de un promotor uniformado e identificado con credencial a la vista; llevan en su interior cantidades de producto, adquirido a algún mayorista de la zona, para venderlo al contado, así como materiales impresos, exhibidores y obsequios para el comerciante.

A cada camioneta se le asigna un territorio o ruta de trabajo para hacer visitas periódicas a los comerciantes.

Ventajas

Generalmente, esta actividad se emplea para visitar poblaciones en ruta, similar a un despliegue de invasión militar (de ahí su nombre de *blitzkrieg*). Es muy recomendable en esfuerzos a nivel nacional, para productos estacionales, cuando se trate de lanzamientos de nuevas marcas o bien relanzamientos por cambios de presentación o fórmula, pues entonces es imprescindible apoyar la disponibilidad del producto en el comercio detallista antes de iniciar los esfuerzos publicitarios. En algunos casos es necesario comenzar la publicidad en paralelo al esfuerzo de ventas, para utilizarla como argumento durante la visita a los comercios detallistas.

Desventajas

Al utilizar unidades de transporte, el costo por visita es elevado; sin embargo, si se considera el riesgo de realizar una campaña publicitaria sin que el producto se encuentre en el comercio, este tipo de inversión, por necesaria, resulta altamente rentable.

Tratándose de productos populares, algunas empresas emplean este esfuerzo promocional cuando sólo el 50% de los comercios cuentan con mercancía. Para obtener mayor eficacia, el apoyo se basa en una atractiva promoción, con material publicitario, exhibidores y una imagen del producto cuidada en el vehículo y en el personal.

Recomendación práctica

El número de comercios que puede visitar cada unidad durante un día de trabajo es entre 30 y 40, si son misceláneas, y la mitad si es otro tipo de comercio. Para hacer rentable la acción, es recomendable llevar dos y hasta tres productos simultáneamente, a veces juntos, en un paquete oferta con un importante descuento en el precio, pero con la posibilidad de que sean comprados por separado para no perder ninguna venta.

El producto de mayor importancia deberá mencionarse en primer término, pues él tendrá, por disponibilidad de efectivo, mayores oportunidades de ser adquirido.

Cuando existan varias camionetas destinadas al trabajo en una ciudad, para mayor eficiencia, se planificará que sólo una de ellas acuda a reaprovisionarse por las tardes para que todas las demás puedan iniciar el trabajo sin demora por la mañana siguiente.

Antes de abandonar la plaza, los controles operativos de la acción deberán verificar que no existen deudas con los mayoristas autorizados para adquirir mercancía.

Plan combinado

Descripción

Esta acción promocional está dirigida a productos nuevos o rediseñados; es conveniente transportar en la camioneta a un promotor vendedor del *blitz* de distribución común, junto con un promotor auxiliar que durante la visita a los comercios pueda realizar alguna otra actividad, como invitar al público, por medio de un equipo de sonido, a comprar el producto en el comercio y presentarlo en la camioneta para recibir un regalo sorpresa, ya sea en forma directa o por medio de un juego.

Los productos alimenticios pueden ofrecerse en degustación, y con los de limpieza o de uso personal puede hacerse una demostración de los atributos y beneficios de la marca.

Ventajas

Combina todas las actividades necesarias para impulsar la caída por "cascada" del producto a través del canal de comercialización. En principio, provoca la salida de mercancía del mayorista al detallista con la labor del promotor-vendedor, quien además lo exhibe y apoya con materiales impresos; después, con el trabajo del promotor auxiliar, impulsa el producto del detallista al consumidor, por medio de la prueba y del incentivo del obsequio.

Desventajas

Dado que el equipo de trabajo está formado por dos promotores y el vehículo, dotado de equipos de sonido, degustación y regalos, el costo por visita aumenta sensiblemente. Un agravante adicional es que por el tiempo necesario para realizar toda la labor, más prolongada será la permanencia en cada local y sólo se podrán visitar entre 25 y 35 de ellos durante una jornada laboral.

En algunas ciudades existen disposiciones que limitan el uso de equipos de sonido en la zona céntrica.

Recomendación práctica

Debido al trabajo intenso que deberá desarrollar esta unidad, conviene planificar el uso de equipos apropiados, tanto de los juegos en que participarán los consumidores como de los de degustación, para que la imagen de la marca en promoción no se vea afectada por el deterioro provocado por su uso constante.

No está de más insistir en el adecuado diseño de la degustación en la vía pública, a fin de cuidar la higiene y otras condiciones propicias para que se puedan apreciar los atributos comunicados.

Promotores especiales

Descripción

Un promotor especial acompaña al representante de venta del mayorista, para apoyar la venta del producto en cuestión; su venta deberá ser incluida en el pedido general del comerciante. Esta fórmula es conveniente para impulsar la distribución en establecimientos minoristas (como farmacias y papelerías), los cuales regularmente se proveen con grandes mayoristas que les proporcionan mercancía a crédito.

En este tipo de comercios, la venta al contado no funciona, ya sea por la costumbre de comprar a crédito o porque generalmente son atendidos por encargados que no están autorizados a disponer del efectivo.

Ventajas

El promotor especial es bien recibido tanto por el mayorista, a quien ayudará a impulsar las ventas, como por el comerciante cuando es llevado por el representante de su distribuidor habitual. Esto contribuye a la mayor eficacia de esta acción por tratarse de una venta a crédito y porque el promotor cuenta con tiempo suficiente para desarrollar su presentación, mientras el representante de ventas del mayorista revisa las existencias de su generalmente extensa línea de productos.

Desventajas

Como el promotor especial acompaña al vendedor del mayorista, está sujeto al recorrido y permanencia en cada comercio que este tenga. No son muchos los comercios que se pueden visitar en una jornada de trabajo y en ocasiones se debe realizar de tarde y de noche, que es cuando los detallistas suelen colocar sus pedidos.

Recomendación práctica

Es razonable esperar un promedio de 8 a 10 visitas diarias por promotor, con una efectividad que dependerá del atractivo del o de los productos que lleve en oferta.

Los requisitos de presentación y preparación del personal involucrado en este tipo de planes son mayores que los acostumbrados para otros esfuerzos de distribución. Se aconseja ofrecer un incentivo sobre las ventas realizadas, que combine tanto el dinero obtenido como el porcentaje de comercios visitados con venta.

Todas la estrategias promocionales desarrolladas en este capítulo cuentan con ventajas adicionales al poder dirigirse específicamente a clientes o áreas geográficas con problemas, además de permitir una evaluación muy sencilla de la inversión realizada por visitas, ventas logradas, aumento de la distribución, degustaciones ofrecidas, etcétera.

En todos los esfuerzos que operen con ventas al contado debemos tener en cuenta el riesgo de los asaltos, tan frecuentes en estos tiempos.

CAPÍTULO 7

CUPONES

José Luis Chong

No obstante tratarse de una estrategia muy utilizada en Estados Unidos desde hace muchos años (se estima que anualmente se distribuyen más de 100 millones de cupones), es incipiente el uso de cupones de descuento en Latinoamérica. Es probable que en México la resistencia por parte del comercio para hacer efectivos los descuentos ofrecidos en los cupones sea el origen de esta limitación; también podría serlo la falta de empresas dedicadas a controlar la cantidad de cupones entregados a los comercios o, tal vez, que el consumidor mexicano no esté acostumbrado a guardarlos para hacerlos efectivos en su próxima compra o, finalmente, que sea el resultado de la combinación de algunos o de todos estos elementos.

Lo cierto es que sólo en tiempos recientes han aparecido algunos proveedores que, mediante contratos firmados con las principales cadenas de supermercados, han podido instalar en el interior de los locales equipos automáticos de expedición de cupones. Existen casos en que las máquinas se encuentran en la góndola junto al producto apoyado, haciéndose efectivo el cupón de descuento al pagar; en otras ocasiones, se colocan las máquinas después de las cajas registradoras, y la propia cajera proporciona el cupón para que el cliente lo haga efectivo en su próxima compra.

Un procedimiento de reciente lanzamiento en México es el de los cupones de descuento en los talonarios de tickets de alimentos o de gasolina que algunas empresas entregan como parte de su remuneración a los empleados; o bien los cupones incluidos en publicaciones, por ejemplo, en las páginas finales de las guías telefónicas. Sin embargo, continúa sin utilizarse la distribución masiva de cupones impresos o insertados en diarios y revistas, o enviados directamente por correo al hogar.

Como estrategias propuestas podemos detallar las más utilizadas en Estados Unidos, a manera de información sobre el potencial que esta actividad pudiera tener. Se trata de los cupones en producto, cupones cruzados, enviados por correo, impresos o insertos en diarios y revistas, y cupones del comercio. Posteriormente, se describirán las tres estrategias más empleadas en México: cupones en las góndolas, cupones al pagar y cupones dirigidos.

Cupones en producto

Descripción

Son los que ofrecen descuentos para la próxima compra que efectúe el consumidor. Por lo general están impresos en el embalaje para ser cortados, aparecen adheridos en su exterior o bien, cuando es posible, se colocan en el interior del producto.

La proporción realmente canjeada del total de cupones puestos en circulación (porcentaje de redención) dependerá del monto del descuento ofrecido, de la imagen del producto y de su situación competitiva.

Ventajas

No existe costo de distribución de los cupones, ya que se entregan con el producto adquirido y estos se consideran más eficaces que los distribuidos por medio de diarios y revistas.

Desventajas

Su distribución es limitada, pues sólo llegan a los usuarios del producto y no a todos los clientes potenciales. Muchos productos, por sus características físicas y de embalaje, no pueden ser utilizados como vehículo para la entrega de cupones. En México, estos cupones no son aceptados por los comercios pequeños.

Ejemplos

Algunos productos líquidos, envasados en botellas con etiquetas pegadas, no permiten que se les incluyan cupones, a menos que sean colocados en el exterior mediante un plástico adherible.

Es factible usar este tipo de cupones si en vez de ofrecer un descuento en la siguiente compra se propone que sea enviado al domicilio o apartado postal del fabricante para recibir a vuelta de correo algún obsequio, como un recetario o instructivo. Quienes así lo hagan, aportarán información a la empresa para crear una base de datos de sus consumidores o usuarios, y con ello podrán realizar en el futuro promociones por correo o investigación de mercados.

Este tipo de estrategia no es recomendable para captar nuevos clientes, pues está dirigida a los consumidores actuales que adquieren el producto; sin embargo, es aplicable a una estrategia dirigida a estimular la recompra.

Cupones cruzados

Descripción

Algunos proveedores ofrecen el servicio de expedición automática de cupones, mediante un equipo conectado a la caja de pago, en la salida de los supermercados. Con este sistema, un fabricante puede ofrecer un cupón de descuento para la compra de su producto cuando un cliente adquiere el de la competencia.

Esta, que parecería ser una práctica desleal, es perfectamente aceptada por los fabricantes y comerciantes, incluso en México, donde ya se ofrece este tipo de cupones.

Ventajas

Es una estrategia promocional ideal para generar nuevos consumidores entre los usuarios de una categoría de productos. Tiene mayor efectividad que los cupones enviados por correo.

Desventajas

El tiempo necesario para hacer efectivo este tipo de cupones es mayor que el de aquellos entregados en la góndola, por ser recibidos por los clientes después de haberse aprovisionado del producto necesario. En México, es escasa la costumbre de guardar los cupones para canjearlos por un descuento en la próxima compra.

Recomendación práctica

Se debe estudiar qué marca de la competencia es la más adecuada para que una agencia de promociones distribuya cupones de descuento. Como ejemplos podemos citar casos recientes donde se utilizaron cupones cruzados en

México. Productos Nabisco ofreció cupones de descuento en la compra de sus productos a quienes adquirieran galletas Gamesa; otro tanto hizo el whisky Johnnie Walker Etiqueta Roja para atraer a los consumidores de Ballantine's. La estrategia es válida pues los cupones se entregan a los usuarios de los productos competidores; sin embargo, habrá que confiar en que estos no sean olvidados en casa cuando tiempo después el consumidor regrese para reabastecerse.

Cupones enviados por correo

Descripción

Existen en México algunos proveedores que entregan periódicamente cupones en grupo, donde ofrecen descuentos cuando se presenten en los establecimientos indicados en ellos. Algunos cupones van sueltos y otros impresos en talonarios o planillas.

La principal diferencia que existe en el uso de esta estrategia entre Estados Unidos y México es que en el primero los cupones son emitidos por los fabricantes de los productos para ser canjeados en todo tipo de establecimientos, mientras que en México son los propios comercios los que los expiden, comprometiéndose a recibirlos y hacerlos efectivos en la compra de los productos promovidos.

Ventajas

Al distribuir los cupones en grupo, el costo es más económico. Otra ventaja es que pueden dirigirse al consumidor potencial y seleccionar el proveedor adecuado para su entrega. En México, esta estrategia es usada con frecuencia más para dar a conocer los negocios que los productos.

Desventajas

La cantidad de cupones que se hagan efectivos dependerá de lo atractivo del descuento, del producto o servicio en cuestión y del hábito de realmente usarlos al comprar. El desarrollo de esta costumbre es incipiente en México.

Recomendación práctica

La selección del proveedor para distribuir los cupones de descuento dependerá de la cobertura geográfica que se desee. Para ello pueden servirse de los grandes directorios a nivel nacional con domicilios de los usuarios de tarjetas de crédito o de televisión por cable, o de los proveedores que casa por casa las entregan en una bolsa de plástico por regiones, colonias o municipios.

Cupones impresos o insertos

Descripción

Esta estrategia es muy usada en Estados Unidos. Los fabricantes de productos envían cupones de descuento masivamente a los hogares por medio de diarios, los fines de semana, o de revistas; los consumidores potenciales interesados en el producto y en el descuento los recortan y conservan para hacerlos efectivos al realizar sus compras en los supermercados. También existe la posibilidad de imprimir cupones como pie de un anuncio donde se destacan sus características y beneficios.

Está generalmente aceptado que los cupones insertos en un anuncio del producto son más efectivos que los impresos como parte de un diario o revista.

En México, la costumbre indica que este tipo de cupones puede utilizarse sólo para invitar a los usuarios a solicitar por correo una muestra de producto, un catálogo o recetario, pero no para ofrecer descuento en la compra.

Ventajas

Se puede dirigir con precisión al grupo de consumidores objetivo al hacer la selección apropiada del diario o revista según el perfil de sus lectores. Esta distribución suele ser más efectiva que la entregada casa por casa o enviada por correo; el costo también dependerá del tamaño del espacio contratado. Combina la persuasión del anuncio impreso con la entrega del cupón.

Desventajas

En México no pueden emplearse para ofrecer descuentos en una compra futura, a menos que se señale en qué comercios se podrán canjear. Son menos efectivos que los cupones distribuidos a domicilio.

Recomendación práctica

Ante la limitación de poder usar esta estrategia para ganar nuevos consumidores por medio de una rebaja del precio en la próxima compra, es recomendable emplearla para generar movimiento en todo tipo de comercios con regalos sorpresa, o bien con entrega de muestras de productos o de materiales impresos a vuelta de correo.

Cupones del comercio

Descripción

Por lo general, consiste en una página de cupones publicada en los diarios locales para hacerlos efectivos en la cadena de comercios de la misma población. Esta es una práctica muy poco utilizada en México, donde se prefiere ofrecer en dichas publicaciones un descuento en los productos anunciados al pagarlos en la caja, en vez de usar los cupones de descuento.

Estas páginas impresas (con una mejor calidad de papel, que permite mayor calidad de reproducción) donde constan los productos rebajados por tiempo limitado en una determinada cadena de comercios suelen insertarse en los diarios o entregarse casa por casa en las áreas de influencia de los comercios y en la entrada de ellos.

Ventajas

Es significativo el ahorro al anunciar en grupo los productos en promoción. Se motiva a distintos estratos de población al combinar productos de diversa naturaleza. Con una adecuada calidad de diseño e impresión puede reforzarse el prestigio de los comercios.

Desventajas

Se requiere una fuerte planificación y logística para reunir con tiempo a los fabricantes necesarios, su patrocinio del descuento en el producto y el adecuado suministro de los productos a promover.

Recomendación práctica

Con el uso generalizado del código de barras impreso en los embalajes de los productos y los lectores ópticos en las cajas de pago, es remota la posibilidad de que llegue a popularizarse la publicación de páginas de cupones de descuento a cargo de las cadenas de comercios. El código de barras permite incorporar fácilmente los descuentos en los productos, función que antes era cubierta por los cupones de descuento. Al ofrecer el descuento en el momento de pago en caja se evita también la falta de costumbre del consumidor de recortar los cupones y conservarlos hasta la próxima compra en ese comercio.

Cupones en góndolas

Descripción

Los proveedores pueden distribuir cupones con descuento por medio de equipos automáticos instalados en las góndolas de los supermercados junto al producto que promueven. Las máquinas expendedoras están programadas para expedir los cupones con un intervalo de varios segundos, evitando así la duplicidad de entrega.

Ventajas

En México, este servicio existe en las principales cadenas de supermercados. La posibilidad de hacer efectivos los cupones de inmediato motiva la compra, puesto que se presentarán junto con el producto en la caja de pago.

Desventajas

No es recomendable para ganar nuevos clientes, pues sólo se dirige a reforzar los consumidores actuales.

Recomendación práctica

Lo ideal es usar este cupón con el ofrecimiento de un descuento (digamos del 30%) en la compra de la segunda unidad del mismo producto. Con ello se impulsan mayores compras de la marca ya acostumbrada y se aumenta la presencia del producto en el hogar.

Cupones dirigidos

Descripción

Algunos proveedores especializados prestan este servicio, que consiste en distribuir un grupo de cupones (ya sea impresos en revistas de variado formato o de manera individual) en los hogares de una zona o por sectores de consumidores objetivo, como universidades, empresas, hospitales, etcétera.

También suelen ofrecer este servicio las compañías de televisión por cable o la guía telefónica, sección amarilla. Este tipo de cupones por lo general es empleado por establecimientos que dirigen la promoción a los clientes ubicados en su área de influencia.

Algunos proveedores que entregan tickets de alimentos a los empleados de empresas proporcionan el servicio de incluir cupones de descuento para hacerlos efectivos en las cadenas de comercios específicamente indicadas.

Ventajas

El costo de distribución de los cupones se reduce de manera sensible al hacerse en grupo. También se ve incrementado el atractivo del cupón al recibirse de un medio especializado, y muchas veces acompañado de publicidad de los comercios próximos a sus domicilios.

Desventajas

Aún no se ha extendido en México el hábito de hacer efectivos los cupones. Sin embargo, cada día son más los proveedores que ingresan a prestar este servicio, y que, sobre todo con el apoyo de los comerciantes, han asumido la responsabilidad de popularizarlos.

Recomendación práctica

Puesto que el porcentaje de "redención" (cantidad de cupones cobrados del total de los emitidos) es la forma de evaluar la efectividad de esta promoción, será recomendable variar el descuento ofrecido y el diseño, así como el medio de distribución, para poder identificar la combinación más eficiente.

Para terminar este capítulo, habrá de mencionarse un dato curioso de la experiencia con la operativa de cupones en Estados Unidos. Allí son canjeados con mayor frecuencia por personas de edad adulta, con mejores niveles de educación, casadas, que habitan en zonas urbanas y con mayor poder adquisitivo. Los jóvenes solteros con menos educación y de niveles socioeconómicos bajos son los que no se interesan en guardar los cupones hasta su próxima visita al comercio. En México todavía está en proceso de desarrollo el diseño del perfil de los usuarios.

CAPÍTULO 8

PROMOCIONES EN EL PRODUCTO

Carlos Lozano

Las promociones en el producto son las que ofrecen al consumidor un beneficio inmediato en el propio embalaje, ya sea referido a su contenido o al precio; o bien, un beneficio que podrá hacerse válido en una siguiente compra o mediante un canje.

En México, la experiencia ha demostrado que este tipo de promociones por lo general son muy eficaces para lograr incrementos en las unidades vendidas. Asimismo, la mayoría de estas promociones requiere de mínima atención por parte del comercio y del área de ventas, puesto que al ofrecer con claridad un beneficio inmediato fácilmente provocan la atención del consumidor.

A continuación haremos una descripción de las diferentes promociones en el producto existentes, una evaluación de su relativa eficacia para lograr mayores cantidades de ventas, así como sus ventajas y desventajas.

Descuento en producto

Esta promoción consiste en la reducción temporal del precio de venta del producto al consumidor, la que puede venir impresa en la etiqueta, o sólo marcada o anunciada por el comercio.

El descuento dependerá del rango del precio normal del producto, así como de las prácticas generales dentro de su categoría. Sin embargo, los descuentos más comunes en productos de consumo popular varían entre el 15 y el 30%.

Evaluación

• Es una forma muy eficiente de lograr mayores cantidades de venta.
• Brinda a la marca un fuerte apoyo defensivo a corto plazo.

Ventajas

• Estas promociones son eficientes para todo tipo de marcas, entre las que podemos distinguir: a) marcas nuevas o establecidas, y b) marcas en crecimiento, estables o en decrecimiento.
• Son muy sencillas de ejecutar ya que cuanto mucho sólo requerirán cambios en la etiqueta o colocación de autoadhesivos (*stickers*), incluso se puede remarcar el producto en el propio local y anunciar la oferta en el mismo momento.
• Ofrecen al consumidor un beneficio económico inmediato, especialmente apreciado en épocas difíciles.
• Los descuentos en el producto también son muy bien aceptados por el comercio, que los identifica como una de las técnicas promocionales más eficaces.

Desventajas

• Su uso exagerado puede desatar una guerra de precios que, en mercados muy competitivos, sólo consigue atraer a "cazadores de descuentos" además de lesionar la imagen de las marcas.

- Los descuentos son aprovechados por un segmento importante de consumidores esporádicos y sirven sólo para subsidiar sus compras.
- A veces la reacción del comercio hacia los descuentos impresos en etiquetas es un tanto negativa porque frena la salida de los productos de precio regular e incrementa sus existencias en el comercio.

Promoción con producto extra

Consiste en ofrecer al consumidor mayor cantidad de producto sin incrementar su precio (por ejemplo: 120 g al precio de 100 g).

El desarrollo del embalaje y de las etiquetas en este tipo de promociones debe hacerse con mucho cuidado, de manera tal que comunique rápido y claramente la promoción al consumidor. De lo contrario, se corre el riesgo de que la promoción sea confundida con un nuevo tamaño que, seguramente, costará más.

Evaluación

Las promociones con producto extra también son muy eficaces para lograr cantidades adicionales de ventas. A diferencia de los descuentos, no se corre el riesgo de desatar guerras de precios o alterar el mercado, aunque su implementación es más compleja.

Ventajas

- Las promociones con producto extra ofrecen también un beneficio inmediato al consumidor.

• Cuidan más la imagen del producto que los descuentos.
• Es un medio muy eficiente para llegar a los consumidores que por lo general no compran tamaños más grandes.
• Es mucho más difícil para la competencia imitar una promoción de este tipo, si se considera la velocidad con que puede reaccionar ante un descuento.

Desventajas

• Una promoción con producto extra normalmente requiere más mano de obra y ajustes en la línea de producción, pues en la mayoría de los casos se necesitan tamaños de embalajes especiales. Asimismo, dichos embalajes especiales requieren tiempo para su diseño y producción. Esto, además de reducir la eficiencia de la producción, incrementa el costo del producto.
• El comercio no se entusiasma mucho con este tipo de promociones, sobre todo porque el fabricante no le brinda ninguna utilidad por el incremento de producto adicional.
• También aquí un sector importante de compradores esporádicos se aprovecha de estas promociones sin lograr su fidelidad, pues solamente están subsidiando sus compras.
• Las promociones de producto extra no siempre consiguen incrementar el consumo de algunos productos, y en esos casos sólo sirven para retrasar las próximas compras.

Premios en embalajes

Estas promociones se conocen en el medio como *premium-packs,* y pueden clasificarse en *in-packs,* que es cuando el regalo ofrecido al consumidor se encuentra dentro del embalaje del producto, o bien *on-packs,* cuando el regalo está adherido en el exterior del embalaje.

Estas promociones son factibles con un sinfín de artículos como premio, que al ser adquiridos en grandes cantidades tienen un costo considerablemente inferior a su precio de venta al público. Así, por ejemplo, un producto que cuenta con un presupuesto promocional unitario de $ 2,00, puede ofrecer gratis algún artículo cuyo precio al público sea de $ 6,00 o más (el fabricante paga $ 1,80 por el regalo y quedan $ 0,20 para los gastos de embalaje).

Evaluación

Una promoción *premium-pack* puede tener más éxito que los descuentos o promociones con producto extra, siempre y cuando se haya seleccionado el regalo correcto. Y aun así, a diferencia de las otras dos, las promociones *premium* son aceptadas por grupos más limitados. Por todo ello, es muy importante probar varias alternativas a nivel local o regional antes de realizar un lanzamiento nacional.

Ventajas

- Las promociones *premium-pack* son efectivas para todo tipo de producto, siempre y cuando el regalo que se ofrezca haya demostrado ser atractivo en un mercado de prueba.
- Son difíciles de copiar rápidamente por la competencia.
- El comercio las acepta fácilmente y las reconoce como un arma agresiva de ventas.

Desventajas

• Su lanzamiento lleva mucho tiempo, ya que abarca la etapa de desarrollo, la prueba en un mercado y, finalmente, su lanzamiento en el ámbito nacional.
• Es difícil lograr una correcta selección de premios para someterlos a prueba.
• Requieren modificaciones en la línea de producción.
• Cuando los regalos van adheridos al embalaje, pueden ser robados de las góndolas.

Embalajes reusables

Esta promoción consiste en entregar un embalaje vacío o embalar el producto (ya sea en cantidades diferentes o en su contenido normal) en algún contenedor que pueda ser reusable, como una jarra, frasco, botella decorativa, etc., en lugar de su embalaje de costumbre.

En este tipo de promoción se resta del presupuesto promocional asignado el costo del embalaje normal (que por lo general es elevado), con lo que casi siempre puede ofrecerse gratis el objeto reusable.

Evaluación

Al igual que las anteriores promociones, los embalajes reusables son eficaces para lograr un incremento en las ventas. Sin embargo, es difícil conseguir alternativas atractivas fácilmente aplicables al producto. Asimismo, a veces su realización requiere hacer cambios o ajustes importantes en la línea de producción, lo que puede provocar problemas de consideración.

Ventajas

- Los embalajes reusables son efectivos en todo tipo de productos establecidos, ya sea que se encuentren en crecimiento, estables o en decadencia.
- No pueden ser contrarrestados fácil y rápidamente por la competencia.
- Normalmente el comercio facilita las exhibiciones especiales para este tipo de promociones.
- Ofrecen al consumidor un beneficio de duración prolongada que consigue reforzar el recuerdo de la marca.

Desventajas

- Los embalajes reusables requieren mucho tiempo de desarrollo.
- Es difícil encontrar embalajes reusables que sean atractivos y al mismo tiempo compatibles con los presupuestos promocionales y los procesos de producción.
- A veces es necesario contar con autorizaciones gubernamentales para "la nueva presentación" y dar de alta a esta en cada cadena de supermercados.

Cupones en producto

Esta promoción consiste en incluir uno o varios cupones, ya sea dentro del producto o impresos en sus etiquetas o embalajes; con ellos el consumidor puede obtener descuentos en su próxima compra o canjearlos por otros artículos. También los cupones pueden ser utilizados para la compra de la misma marca o "cruzados", cuando sus beneficios se aplican en la compra de otro producto.

Es muy importante tener presentes los siguientes puntos cuando se quiera realizar este tipo de promoción:

• Los cupones en el producto para obtener descuentos, virtualmente, no tienen costo de distribución. Sin embargo, necesitarán la participación del comercio para su administración y control, lo cual no siempre es visto en forma positiva.
• Las "redenciones" de los cupones en el producto son significativamente mayores (de 30 a 60%) que las enviadas por correo de la misma marca.
• Los cupones enviados por correo para ser canjeados por otros artículos conllevan costos del servicio postal y de la distribución de los regalos o bien elevados gastos en la instalación de centros de canje.

Evaluación

Aunque lo que buscan es estimular la recompra, los cupones en el producto (al igual que los otros cupones) por lo general no funcionan bien en México, ya que los consumidores no han desarrollado la cultura de su uso como sucede en Estados Unidos. Además, existe un fuerte rechazo por parte del comercio (sobre todo de los negocios tradicionales), para administrar los cupones y aplicar los descuentos o canjes.

Ventajas

• Los cupones en el producto no tienen costo de distribución.
• Pueden ofrecer descuentos y regalos muy atractivos.
• Estimulan la recompra y aceleran el consumo.

Desventajas

- No son atractivos en México, ya que el público no está acostumbrado a ellos y los pierde fácilmente.
- Los cupones no ofrecen un beneficio inmediato al consumidor.
- El comercio rehuye administrarlos.
- Su administración y control son complicados y costosos.

Embalajes múltiples

Consiste en ofrecer al consumidor un incentivo en la compra de varias unidades de producto (por ejemplo, cinco hojas de afeitar por el precio de cuatro).

Aunque son muchos los productos que pueden ofrecer promociones de embalajes múltiples, funcionan mejor en aquellos artículos de uso más frecuente y de precio más accesible.

Es muy importante probar cuál es la cantidad óptima de unidades que deberá tener la promoción múltiple para que el desembolso del consumidor sea razonable. Las promociones que excedan esa cantidad corren el riesgo de inhibir la salida del producto.

Evaluación

Las promociones de embalajes múltiples resultan excelentes para incrementar las unidades vendidas entre los consumidores regulares, pero no son eficientes para alcanzar a los consumidores potenciales.

Ventajas

- Los embalajes múltiples "obligan" a comprar cantidades mayores a las normalmente adquiridas por una persona, incrementándose así el consumo.

• Son excelentes, por ejemplo, para productos presentados en varios sabores, ya que incitan a probarlos todos.
• Por ser paquetes múltiples, tienden a aumentar el espacio que normalmente ocupa un producto en la góndola.

Desventajas

• Los embalajes múltiples casi siempre obligan a realizar ajustes en las líneas de producción y empaque.
• El costo del embalaje es relativamente alto.
• Los embalajes múltiples no resultan atractivos para los consumidores que no estén dispuestos a desembolsar un dinero extra o en épocas de crisis económicas.
• El comercio puede presentar algunas objeciones por los problemas de espacio que se le puedan producir en las góndolas.

Estas son, en resumen, las promociones en el producto generalmente utilizadas por los fabricantes. Algunas son muy buenas para alcanzar ciertos objetivos y otras no. O quizás dos promociones puedan lograr la misma meta, pero una de ellas puede ser mucho más barata y factible de realizar. Por eso, siempre será importante definir con claridad qué se pretende alcanzar, y después determinar cuál es la mejor alternativa en cuanto a impacto en el consumidor, factibilidad de realización, tiempos y costos.

CAPÍTULO 9

PLANES DE INCENTIVOS

Ángel Pedrote

El uso de mercancía de incentivo promocional (*premiums*) se remonta a mediados de la centuria de 1800, por lo que no constituye una práctica de promoción novedosa para incentivar la compra de productos o servicios. Uno de los primeros registros de la utilización de esta técnica de promoción nos remite a cuando B. T. Babbitt se valió de impresiones litográficas para inducir a los consumidores a comprar su producto, el jabón Babbitt's.

Hoy en día, las expresiones *premiums* y mercancía de incentivo promocional son casi sinónimos. La palabra *premium* se traduce literalmente del inglés como "premio". La mercancía de incentivo promocional hace referencia a toda aquella mercancía que sirva para incentivar la compra de productos o para el mejor desempeño en una actividad (generalmente ventas). Es usada por los mercadólogos actuales de varias maneras y técnicas, y con diferentes objetivos; puede ser desde un simple destapador hasta complejos programas.

La definición más concisa del concepto "incentivos de marketing" fue la dada en *Incentives in Marketing*, escrito por

George Meredith y Robert P. Fried y publicado por la Association of Incentive Marketing. Los autores describen los incentivos de marketing como los "mecanismos promocionales que inducen a la compra o el desempeño del consumidor, representante o agente de ventas, empleado o comerciante, ofreciendo un beneficio tangible en forma de mercancía o de premio".

La industria de los incentivos en Estados Unidos es la más desarrollada del mundo. De acuerdo con la revista *Incentive®*, una de las publicaciones más importantes de la industria, en ese país durante 1991 las promociones al consumidor representaron 59,4 mil millones de dólares, con 6,5 mil millones gastados en *premiums* (10,9%). Otros datos relevantes nos indican que en ese mismo año 115,3 mil millones de dólares se gastaron en promociones al comercio, y 2,03 mil millones fueron gastados en incentivos al comerciante (1,8%). Los incentivos de venta totalizaron 17 mil millones de dólares, incluidos 4,4 mil millones en mercancía de incentivo promocional (25,8%), para un total estimado en gasto de incentivos de casi 13 mil millones de dólares durante 1991.

En el caso de México no se conocen cifras exactas de cuánto dinero se destina hoy a incentivos; sin embargo, sí sabemos que la industria del incentivo en México se ha desarrollado con fuerza a partir de 1989.

Las promociones al consumidor en México tuvieron un período de inactividad de casi 20 años, debido a las regulaciones gubernamentales dispuestas durante el sexenio del licenciado Luis Echeverría Álvarez, período en que estaba prohibido desarrollar cualquier tipo de actividad promocional dirigida a niños, como coleccionables (álbumes), así como cualquier promoción que condicionara la venta de un producto por algún incentivo o premio. A partir de 1989, la legislación de las actividades promocionales fue modificada y se permitió a la mayoría de las industrias realizar casi cualquier tipo de promoción al consumidor, incluidos los incentivos.

En estas nuevas circunstancias, los fabricantes han utilizado los incentivos para sus agentes de ventas, representantes, distribuidores, empleados y comerciantes como un recurso importante para incrementar sus niveles de ventas y participación de mercado, así como para ofrecer a sus consumidores una ventaja competitiva respecto de la competencia.

En general, los *premiums* y la mercancía de incentivo son utilizados para los siguientes objetivos:

Incentivos al consumidor

- Atraer su atención en el punto de venta.
- Realizar entregas de muestras a los nuevos usuarios.
- Efectuar pruebas de degustación a nuevos usuarios.
- Proveer de un valor agregado al producto.
- Impulsar la repetición de compra.
- Mejorar la relación con el consumidor.
- Aumentar las ventas.
- Aumentar la lectura de la publicidad.
- Propiciar la interactividad fabricante-consumidor en los comercios.

Incentivos de venta y al comercio

- Introducir nuevos productos
- Introducir productos mejorados.
- Impulsar productos con baja rotación.
- Impulsar extensiones de productos.
- Aumentar la base de clientes.
- Reforzar las promociones al consumidor.
- Reforzar las promociones competitivas.
- Levantar la moral de los comerciantes o vendedores.

• Obtener espacio en las góndolas.
• Aumentar la productividad.
• Aumentar las ventas totales y la participación de mercado.

El uso de incentivos para alcanzar estos objetivos debe estar basado en la premisa de que los *premiums*/mercancía de incentivo promocional nunca reemplazarán el efecto negativo provocado por un producto o servicio de baja calidad o que no cumpla con lo indicado en la publicidad.

Estos incentivos tampoco sustituyen una publicidad inadecuada o la falta de capacitación del equipo de ventas, ni cambian las actitudes negativas de los consumidores hacia el producto. Los consumidores pueden estar motivados a comprar y usar un nuevo producto o servicio, o reintentar usar una nueva versión del producto o servicio, pero si este no se desempeña como fue publicitado o vendido ningún incentivo ni cantidad de ellos inducirá al consumidor a que lo continúe comprando.

Cada tipo de incentivo promocional tiene sus ventajas y desventajas. Cuando se planea una promoción, es muy importante conocer a la perfección cuáles son las ventajas y desventajas de cada uno de los incentivos con el objeto de no tener sorpresas desagradables al final de la promoción.

A continuación presentaremos un resumen de los más comunes, sus ventajas y desventajas, y sus elementos más importantes.

Incentivos por correo *(mail in premiums)* (autoliquidables, parcialmente liquidables) y ofertas gratis por correo

A veces, algunos *premiums* son obtenidos por medio del correo. El *premium* puede ser ofrecido gratis al consumidor siempre y cuando conteste y/o participe en la promoción o compre algún producto o servicio generalmente más barato que el precio del menudeo. Los *premiums* autoliquidables son aquellos en donde todos los costos directos involucrados, incluidos gastos de correo, manipulación, etc., son pagados por el remitente. Un *premium* parcialmente liquidable es una promoción en la cual por lo menos algo de ese costo directo es pagado por el remitente.

Ventajas

- Pueden ser dirigidos con facilidad de acuerdo con el consumidor, producto, tema publicitario y su uso futuro.
- Atraen a las personas que cambian de marcas.
- Aumentan el consumo del producto.
- Son poco costosos.
- Crean buena voluntad por parte del consumidor.
- Dejan un alto recuerdo de la marca.

Desventajas

- Es difícil medir sus resultados en las ventas.
- Su realización requiere bastante tiempo.
- Es difícil anticiparse al resultado de la promoción y las grandes o pequeñas existencias pueden constituir un problema.
- En general es necesario que un tercero realice la promoción y administre todos los detalles.

Ejemplos: esta técnica de promoción es muy utilizada por empresas como Reader's Digest, compañías de telefonía de larga distancia, etcétera.

Programas de comprador/consumidor frecuente y con continuidad

Los programas de comprador o consumidor frecuente han existido durante años, y en varias categorías. La principal característica que tienen estos programas es que, con el objeto de motivar la frecuencia de compra o uso, los clientes deben acumular compras o frecuencia de uso para alcanzar un *premium*. Por medio de la "redención" con pruebas de compra, partes de un juego o acumulación de tarjetas el consumidor tiene la opción de "comprar" un *premium* que generalmente puede elegir dentro de una variedad de opciones y con diferentes valores.

Estos programas se han desarrollado mucho, y en la actualidad existen desde los que tienen una mecánica de acumulación muy sencilla y autoliquidables durante un tiempo determinado, hasta los más complejos que incluyen una *data base marketing,* son parcialmente liquidables y sin plazo establecido. Un ejemplo de programas de esta naturaleza es el realizado por Pepsi-Cola® al solicitar cinco tapas de botella más una cantidad de dinero en efectivo para obtener un *premium*.

Las compañías aéreas, bancos y hoteles han desarrollado los ejemplos de programas más complicados y completos que existen en el mercado. Probablemente uno de los más descriptivos sea el presentado en todo el mundo por American Express Co.® con el nombre de *Membership Rewards*® (afiliación de recompensas) que hoy por hoy funciona como punta de lanza de su estrategia comercial y publicitaria.

Ventajas

- Tienen mucho soporte entre el consumidor y el comercio.
- Son muy atractivos para los consumidores.

- Cuentan con una alta credibilidad.
- Aumentan la participación y las ventas de los grandes compradores.
- Motivan un hábito de compra continua.
- Dificultan que los consumidores puedan aprovechar las promociones de corto plazo de la competencia.
- Son programas dirigidos y masivos.

Desventajas

- Tienen un alto costo de realización y mantenimiento.
- En general, requieren un compromiso de largo plazo.
- Deben contar con stocks de emergencia.
- Requieren de proveedores serios y dedicados.
- Es difícil suspenderlos.

Premiums de entrega directa *(in-pack, on-pack y near-pack)*

Los *premiums* de entrega directa son premios "por la compra", entregados directamente al consumidor en el momento de la compra de un producto, con la característica de ir embalados con el producto o que este sea vendido junto con el premio.

Los *premiums* denominados *in-pack* y *on-pack* son incentivos que van dentro *(in)* o fuera *(on)* del paquete del producto en promoción. Este tipo de incentivos promocionales suele ser muy utilizado por las empresas que venden cereales.

Los denominados *near-pack* con frecuencia no son entregados y empaquetados junto con el producto en promoción, y se exponen al público en estantes o expositores diferentes. Este tipo de incentivos promocionales es usado por empresas de comida rápida (Burger King®, KFC®,

Pizza Hut®, etc.) en la promoción de determinados menús predefinidos; la elección de uno de ellos tendrá como premio un vaso con la imagen de algún personaje u otros artículos promocionales (muñecos), muchas veces relacionados con alguna licencia.

Ventajas

- Promueven la repetida exhibición del producto.
- Provocan pruebas y compras.
- Motivan la continuidad de la compra cuando se trata de artículos coleccionables.
- Producen una gratificación instantánea en el consumidor.
- El *premium* puede crear un vínculo entre sus características y el posicionamiento del producto.
- Se entregan junto con el producto comprado, lo que elimina la posibilidad de que sean enviados por correo u otro medio.
- El costo del *premium* es perfectamente controlable.
- Pueden utilizarse en conjunto con un socio para hacer un *tie-in* y compartir los costos.

Desventajas

- El producto puede volverse frágil y fácilmente rompible.
- Inducen al vandalismo en ciertas tiendas.
- Los *on-pack* pueden requerir envoltura o empaquetado extra.
- Los detallistas pueden negarse a comprar productos *on-pack* o *near-pack* por necesitar ellos de mayores espacios y controles administrativos.
- No son apropiados para todos los productos o servicios.

Envases y empaques como incentivos

Los envases y empaques como incentivos son usados en el mercado desde hace muchos años. Este tipo de incentivo consiste en aprovechar las propias características del producto o de su empaque con el objeto de crear un *premium* agradable (o de colección) al consumidor. Generalmente se utilizan los empaques de algunos productos para convertirlos en estuches especiales con un alto valor. Este tipo de incentivos promocionales ha sido especialmente utilizado por las empresas dedicadas a las pastas, bebidas alcohólicas y cafetaleras. Un ejemplo típico es el estuche que Chivas Regal® obsequia en la compra de su producto.

Ventajas

- Motivan compras futuras.
- Pueden resultar muy económicos si el envase o empaque se descuenta del costo del producto.
- Dan una gratificación instantánea al consumidor.

Desventajas

- Pueden ser rechazados por los detallistas si los obligan a efectuar nuevas compras o si les quitan espacio en las estanterías.
- Pueden llegar a ser caros si es elevado el costo de producción del empaque.

Regalos empresariales

Los regalos empresariales son los que una empresa otorga a clientes, accionistas, proveedores y empleados como una expresión de su aprecio y por su lealtad. Muchas empresas

113

del sector privado y público, así como organismos gubernamentales, tienen como política poner límites a los regalos que sus empleados puedan recibir de sus proveedores.

Reconocimiento a empleados

Son incentivos dirigidos a los empleados con el objeto de expresar el reconocimiento de su calidad, puntualidad, desarrollo, seguridad y tiempo dedicado a la empresa. Este tipo de incentivos es utilizado tanto por empresas pequeñas como grandes para motivar el trabajo en equipo y levantar la moral.

Incentivos al comercio

Constituyen uno de los rubros más importantes dentro de la rama de incentivos y tal vez uno de los que más beneficios provocan a corto plazo.

Los programas de incentivos para el comercio son estructurados para beneficiar a estos negocios por haber comprado, exhibido y vendido productos y servicios. El programa puede consistir en una oferta armada de corto plazo de duración y referente a un producto o servicio. Por ejemplo: comprar una cantidad determinada de producto y obtener un descuento preferente, exhibir una cantidad de producto y obtener un descuento especial u oferta armada, vender una cantidad adicional y obtener mejores condiciones de compra, etcétera.

De manera alternativa, pueden crearse programas de incentivos al comercio de largo plazo. Estos consisten en sistemas de acumulación de puntos, tablas de descuentos, impresión de catálogos, etcétera.

Ventajas

- El costo del programa puede ser ajustado de forma que sea conveniente para ambas partes.
- Fomentan la exhibición del producto.
- Provocan una exhibición adicional fuera de las estanterías.
- Aumentan los stocks y dejan fuera a la competencia.

Desventajas

- Sientan un precedente.
- Si el producto no tiene salida, se provocan devoluciones y malestar con el comercio.
- Si se usa este tipo de incentivo con cierta regularidad, el comercio espera para comprar hasta que se ofrezca el próximo incentivo.

Incentivos de ventas

Los incentivos de ventas son aquellos en que los premios se obtienen después de cumplido un determinado desempeño en una actividad de ventas (sobre la base de una prospección) y de haber cumplido un objetivo de ventas durante un período previamente definido.

La duración de estos programas varía, y puede ser de corto, mediano y largo plazo. En general, estos programas son diseñados para motivar a los vendedores de una empresa a vender uno o varios productos, líneas de productos o servicios.

Muchos creen que el sueldo y las comisiones deberían ser suficientes para motivar el desarrollo y la venta de los profesionales en ventas, pero el uso de estos beneficios ha demostrado que la fuerza de ventas puede ser motivada y alcanzar objetivos y niveles superiores a los esperados.

Dinero en efectivo, mercancía y viajes constituyen los incentivos más comunes. Algunos programas de incentivos ofrecen una gran variedad de regalos, premios y mercancía que pueden obtenerse sobre la base de puntos o créditos por los resultados de su esfuerzo en ventas. Otros programas ofrecen viajes a lugares exóticos para los ganadores, tanto individuales como en grupo.

Estos programas casi siempre son diseñados para que, inclusive con los niveles más altos de venta, los participantes puedan alcanzar los objetivos. Si no son diseñados de modo que sean alcanzables, estos programas generarán una reacción negativa en los participantes.

Ventajas

- Motivan a los profesionales en ventas a alcanzar niveles de venta superiores a los planeados.
- Premian al personal de ventas por su esfuerzo.
- Pueden ser estructurados para cualquier tipo de presupuesto.

Desventajas

- Premian al personal de ventas por hacer el trabajo por el cual recibe una paga.
- El equipo de ventas puede sentirse poco motivado si el programa de incentivos no es adecuado.
- Las ventas pueden caer una vez terminado el programa de incentivos como resultado del exceso de stock en el comercio.
- Los programas destinados a funcionar en el largo plazo requieren de actualizaciones constantes.

Reembolsos, rebajas o descuentos

Los reembolsos en efectivo y con cupones son incentivos promocionales muy importantes. Son muy fáciles de llevar a cabo y pueden ser utilizados para combatir en el corto plazo los esfuerzos promocionales de la competencia.

A diferencia de otros incentivos, los reembolsos en efectivo no requieren stock y pueden ser anunciados a los consumidores en el punto de venta, en revistas, por radio y otros medios. Este tipo de técnicas de incentivo puede pagarse en efectivo o en cupones redimibles en la misma tienda. En México, suelen ser utilizados por las tiendas de departamentos de primer nivel, como Palacio de Hierro y Liverpool.

Los reembolsos consisten en dar al comprador un valor en efectivo, cupón o mercancía, mientras que las rebajas o descuentos otorgan un porcentaje de descuento sobre el precio del producto comprado.

Estos reembolsos, rebajas o descuentos son estructurados de varias formas, por ejemplo:

a) Compre uno y lleve otro gratis. Los consumidores compran el artículo promovido y con el comprobante de su compra obtienen otro gratis.

b) Reembolso por compra múltiple. De forma similar al anterior, con la excepción de que deberá hacer una compra múltiple (si compra dos, obtiene un tercero gratis).

c) Combinación de reembolsos y ofertas con cupones. Por ejemplo: compra un producto, demuestra su compra y recibe 10 pesos de descuento más un cupón válido para la próxima compra de un producto similar.

Las combinaciones de este tipo de técnicas son infinitas y la creación de *tie-ins* con otras empresas no competidoras puede dar más valor a la promoción y bajar sus costos.

Ventajas

- Son fáciles de realizar.
- No requieren de stocks.
- Fomentan la prueba del producto.
- Provocan la compra múltiple.
- Son fáciles de usar y de incorporar a *tie-ins*.
- Su presupuesto es fácil de controlar.

Desventajas

- La competencia puede copiarlos fácilmente.
- Puede retardar las futuras compras del consumidor, una vez hecha una compra.
- Puede haber duplicación de reembolsos si no existen controles suficientes.

CAPÍTULO 10

LICENCIAS DE PERSONAJES

Ángel Pedrote

Una de las grandes preocupaciones de los fabricantes y prestadores de servicios es la imagen que transmiten sus productos al ponerse en contacto con el consumidor, y siempre les aparecen en la mente incógnitas de todo tipo al respecto.

"¿Estoy transmitiendo al consumidor lo que quiero?"

"¿Es mi imagen atractiva para el consumidor?"

"¿Mi imagen está actualizada y acorde con el consumidor de hoy?"

Pero este tipo de preocupaciones no se detienen ahí, sino que se agravan cuando la inversión realizada en medios publicitarios no es lo suficientemente atractiva y eficiente para que la venta de sus productos sea mayor que la de la competencia.

Existen además particularidades en las preferencias cuando se pretende llegar a segmentos que requieren toda nuestra creatividad, mucho dinamismo y versatilidad para poder cambiar de acuerdo con otros factores externos, como ocurre con las marcas dirigidas a los niños. Ellos siempre serán los mejores críticos en cuanto a lo último en tecnología, originalidad y moda, pero sobre todo en lo referente a sus deseos y aspiraciones, pues pueden mezclar la fantasía con la realidad, ya sea en el patio de su casa, en el salón de clases o en la intimidad de su habitación a la hora de dormir. Más aún, para el niño cobrarán importancia todas las posesiones de cualquier tipo que puedan diferenciarlo en un núcleo social como "el primero en tenerlo", "el que ya juntó todos" o simplemente "el que sí pertenece al grupo" solamente por tener uno o más de los artículos de moda, que generalmente están diferenciados de los otros de la misma categoría por el solo hecho de haber recurrido al uso de una licencia.

Para describir en forma técnica el uso de licencias, mejor conocido por la palabra en inglés *licensing,* podríamos decir que consiste en la concesión de explotación comercial del uso de imágenes, sonidos y en general conceptos de todo tipo, cuya propiedad intelectual está registrada a nombre de una persona o empresa. Explicado de una manera más simple, se trata de la autorización para usar las ideas creadas por una persona o una empresa (como una serie de televisión, por ejemplo Los Simpson®; el logotipo de una marca, Coca Cola®; una película de cine, Batman®, etc.) para ser comercializadas por un tercero que nada tuvo que ver en la creación de estas (por ejemplo: un fabricante de productos alimenticios o de ropa) por medio de sus productos o servicios. Por el mencionado derecho de uso deberá pagarse una cantidad pactada con anterioridad entre ambas partes.

De acuerdo con las últimas cifras publicadas por la Licensers Industry Merchandiseres Association (LIMA), el mercado de licencias en Estados Unidos produjo en 2005 ingresos totales por 5,8 mil millones de dólares, lo que representó un crecimiento con respecto al año anterior del 0,7%. Esto demuestra el importante papel que juegan las licencias de personajes en el proceso comercial de miles de marcas de productos y servicios en ese país.

Personajes propios o licencias

Cuando una marca decide establecer una relación con una imagen o concepto que facilite su comunicación con el consumidor, surge la disyuntiva de si conviene desarrollar un personaje propio o pagar por uno que esté de moda durante el período en el que se quiera dar ese apoyo.

Antes de tomar la decisión, sería prudente analizar en qué plazo se espera lograr el objetivo comercial deseado para el producto o servicio al que se brindará ese apoyo.

Si este objetivo es a corto o a inmediato plazo, será muy grande la responsabilidad para un personaje de reciente creación, que todavía no ha tenido la oportunidad de colocarse en el gusto y en la memoria de nuestro público objetivo. Recordemos que cuando ponemos a un personaje de creación propia en contacto con el consumidor mediante una campaña publicitaria, nuestros esfuerzos son particulares y aislados, ya que, por lógica, nuestro interés será que la imagen de ese personaje aumente y se relacione con nuestra marca. De esta manera podrá ganarse un lugar en la preferencia del consumidor, mas para ello nunca se dispone de una inversión en medios masivos que pueda compararse con el tiempo de exhibición de un programa de televisión, ya que estos generalmente cuentan como mínimo con 30 minutos a la semana, y en el caso de algunas series de televisión, con una hora o más todos los días.

Si el objetivo por el cual deseamos valernos de un personaje como apoyo a nuestra marca es a mediano o largo plazo, el panorama tampoco parece muy claro; antes de proceder a su lanzamiento deberíamos realizar una serie de estudios de mercado y reuniones de grupo para confirmar o descartar lo afortunado del proyecto, que a esta altura y sin tener todavía vida propia puede ya haber costado mucho dinero.

En México, cada año, durante la temporada de verano, la industria cinematográfica pone en la pantalla no menos de 15 películas infantiles o para toda la familia en forma simultánea. Esto nos habla de cuán expuestos están los consumidores más jóvenes a la presencia de personajes de todo tipo en su vida cotidiana, ya que no sólo se los encontrarán cuando van al cine, sino también en la televisión, en los medios impresos, en anuncios espectaculares y, por supuesto, mediante licencias, en vitrinas, restaurantes de comida rápida, ropa y un sinnúmero de elementos de su vida que hacen prácticamente imposible que nadie pueda permanecer al margen del fenómeno de la licencia. La interpretación más simple es: "si no puedes con ellos, úneteles".

En todos los casos es muy importante realizar estudios de mercado, conducidos por un experto, que garanticen que nuestro personaje o aquel que pensemos utilizar por medio de una licencia es el indicado para llamar la atención del consumidor al que queremos llegar.

Uso de los personajes

Podemos definir básicamente dos formas de utilización de los personajes propios o basados en licencias.

Licencias de producto

Son aquellas en las se utiliza la imagen de un personaje para desarrollar una marca nueva de un producto determinado; suelen ser a mediano plazo (de 12 a 24 meses), lo que permite un ciclo de ventas más amplio para dicho producto, cuyo valor agregado consiste simplemente en un concepto o imagen de moda que el consumidor encuentra atractivo, ya sea por la forma, el embalaje, los colores y demás elementos básicos del producto. Puede llegar a utilizar incluso el nombre del o de los personajes como marca del producto (por ejemplo, galletas de Batman®, cereales de Mickey Mouse®, bicicletas con la imagen de los X-Men®) y resaltar los valores relacionados con las características del personaje que se desee (por ejemplo, paletas con la forma de la cabeza de Mickey Mouse®). Últimamente también hemos visto cómo productos que parecía imposible que pudieran utilizar una licencia de moda comienzan a crear estilos de coparticipación; tal es el caso de los teléfonos celulares, que pueden venir personalizados de origen, e incluso las consolas de videojuego, cuya carátula frontal puede ser alusiva a una propiedad en particular.

No dejemos de lado el creciente negocio de los tonos para teléfonos y las imágenes que personalizan sus pantallas, donde también están presentes personajes conocidos y otros que han adoptado el formato de licenciamiento (como artistas de TV o cantantes) con enormes beneficios económicos.

Licencias de promoción

Son las que se otorgan a una marca ya posicionada en el mercado para apoyar e incrementar su venta durante un período determinado y que, por lo general, ofrecen al consumidor un valor agregado al adquirir el producto o servicio en cuestión. Ese valor agregado, al que ya nos referimos en las licencias de producto, se da por una o varias actividades promocionales determinadas. Muchas de ellas se describen en distintas partes de esta obra, como las promociones espectaculares, los sorteos, los premios instantáneos, premios por canje, etcétera. Un ejemplo conocido de una licencia de promoción es cuando se pueden encontrar imágenes coleccionables de un personaje en el interior de una caja de cereales, u obtenerlas mediante la entrega de embalajes de un producto en canje por un artículo determinado (camisetas, lentes, etcétera).

Apoyos al uso de licencia

Se debe recordar que por lo general el pago de derechos de uso de una licencia, ya sea de producto o de promoción, incluye el uso de la imagen dentro de ciertas restricciones, pero no limitado sólo al producto específico; por tanto, si se utiliza en forma adecuada, puede beneficiar enormemente el resultado final.

Así, si utilizamos una licencia para la publicidad en una promoción espectacular de un producto, pueden incluirse en todas las ejecuciones de la campaña (como los anuncios de televisión, en exteriores, en revistas y diarios, e incluso por radio) las imágenes y sonidos que relacionen a nuestro producto en forma directa con la propiedad sobre la cual se han adquirido los derechos.

Otra forma de sacarle el mayor provecho posible a una licencia es realizar acciones en el punto de venta durante determinados períodos o días a lo largo de la promoción, de suerte tal que se genere un efecto de venta inmediata; por ejemplo, cuando se lleva un personaje a una tienda para que se tome fotografías con todos los niños que hayan comprado determinado producto.

Una actividad que goza siempre de gran reconocimiento y puede apoyar tanto a la licencia como al producto es la realización de obras sociales utilizando los personajes; por ejemplo, llevar a los héroes de la televisión a entregar juguetes a los niños de un orfanato en Navidad o hacer que un cantante dé una audición a beneficio de un asilo de ancianos el Día de la Madre.

No debemos olvidar que la utilización de cada licencia tiene una serie de restricciones en cuanto a su relación con productos y con personas, guías de estilos y colores para sus aplicaciones a embalajes y videos, e incluso sonidos permitidos para radio y televisión. Todas estas limitaciones y facilidades deben ser verificadas en detalle con quien otorga la licencia; además, este deberá proporcionar todos lo elementos gráficos necesarios para ser utilizados en su momento por la marca.

¿Sólo para niños?

Absolutamente no. A pesar de que una gran parte de las licencias explotadas estén dirigidas a los niños y adolescentes de ambos sexos, también los adultos participan de manera activa, pues son ellos quienes adquieren los productos relacionados con las licencias.

Las licencias más afortunadas para ser explotadas en productos o servicios dirigidos a los segmentos con edades superiores a los 18 años suelen ser las relacionadas con deportes, como el fútbol y el seleccionado nacional, básquetbol (NBA®), fútbol americano (NFL®), béisbol y demás deportes de equipo, pero no se descartan los de participación individual como el box, golf, atletismo, natación, etcétera. Algunas marcas de productos consumidos normalmente cuando se presencia o ve por televisión un encuentro deportivo, como saladitos, refrescos, cervezas, pizzas y similares, y muy en particular marcas de ropa deportiva, recurren al uso de este tipo de licencias durante las temporadas de campeonatos mundiales y otras fechas especiales.

Por extraño que parezca, en algunos casos las licencias dirigidas a los niños llaman la atención de los adultos en forma sorpresiva, y generan en ellos una participación muy activa a pesar de no ser necesariamente el público objetivo del plan promocional.

Quizás una de las razones más importantes para que ocurra este fenómeno, cuando suben al barco invitados que no esperábamos, sea la asociación creada entre la licencia utilizada, la mecánica de la promoción y el obsequio o artículo promocional que ponemos a disposición del consumidor. Esto provoca siempre resultados positivos, pues por una parte, obtenemos un aprendizaje sobre el comportamiento de nuestra promoción y producto que deberemos tener presente en actividades posteriores, y adicionalmente, esta participación se traduce en ventas.

En otras palabras: una licencia con poco éxito puede convertirse en una promoción de gran éxito gracias a la correcta selección del obsequio utilizado, o simplemente por el apropiado diseño de la mecánica de participación del consumidor en la promoción.

Esta experiencia permitirá discernir si en promociones sucesivas deberá utilizarse la misma licencia, el mismo obsequio, la misma mecánica, todos o ninguno de ellos.

El costo de la licencia

Existen dos esquemas básicos para costear la parte correspondiente al uso de una licencia dentro de nuestra promoción.

Pago de garantía y regalías

En este esquema se determina el valor a pagar por la licencia como un porcentaje del valor total de la promoción (incluyendo el costo de la operación, la inversión en medios y los premios u obsequios a distribuir), que puede variar entre 5 y 15%; esto permite el uso de la licencia para un fin específico y por un determinado tiempo. En el caso de excederse la base de cálculo, se pagarán regalías sobre el excedente en un porcentaje que no necesariamente tiene que ser el mismo.

Pago único

También conocido con el nombre en inglés *flat fee,* se refiere al pago de una cantidad fija pactada entre el titular de la licencia y la empresa que la utilizará, sin recurrir a un cálculo de porcentaje.

En ambos casos, la adquisición de la licencia implica un lento proceso de trámites, contratos y autorizaciones, dado que la mayor parte de sus propietarios son empresas que se encuentran en el extranjero y requiere el intercambio de documentos, muestras, propuestas y revisiones a través de mensajería internacional.

Casi todas las licencias disponibles en el mercado mexicano cuentan con un agente o representación directa en México que sirve de enlace con su oficina matriz en otra parte del mundo, por lo general en Estados Unidos.

Los beneficios del uso de licencias

Como es de esperarse, las licencias tienen aspectos a favor y en contra que deben ser analizados antes de decidirse por su adquisición.

Las licencias no pretenden sustituir permanentemente el uso de imágenes y personajes propios para dar vida y presencia a las marcas, por el contrario, complementan la presencia de la marca en momentos que el mercado se encuentra a la expectativa de un *plus* que nuestro producto y su imagen no pueden ofrecer por sí mismos.

Asimismo, las licencias representan una forma atractiva de poner en marcha un método de comunicación probado, y con un cierto grado de éxito, en un plazo casi inmediato, sin necesidad de grandes desembolsos ni esperas de meses o años.

Un tema a considerar en lo referente a las licencias de los personajes animados es la tranquilidad de que todos ellos ofrecen la seguridad de que nunca se convertirán en adictos a las drogas o al alcohol, ni se verán mezclados en procesos judiciales de ninguna índole, y siempre se conservarán jóvenes, lo que no pueden garantizar los personajes de carne y hueso. Por todo ello, antes de tomar la decisión definitiva en cuanto al uso de una licencia, se recomienda considerar todos los aspectos que la rodean, más aún si esta se sustenta en un ser humano, con todas las virtudes y debilidades que lo caracterizan.

Además, las licencias representan un apoyo atractivo para las campañas de promoción siempre que su utilización sea programada en el momento oportuno. Cuando se trate de una serie de televisión, lo prudente sería revisar sus resultados en otras regiones o esperar un informe sobre los niveles de audiencia durante las primeras semanas de transmisión. En el caso de una película de cine esta espera puede dejarnos fuera de toda posibilidad de éxito, ya que la decisión para utilizar una licencia de este tipo deberá tomarse antes de su presentación, de lo contrario se estará perdiendo el mejor momento para encontrar un consumidor receptivo.

Consideraciones finales

El uso de las licencias es una excelente herramienta de la mercadotecnia que ofrece una gama ilimitada para enriquecer las actividades de promoción c imagen realizadas en torno de nuestros productos o servicios; pero, como toda herramienta, requiere de especialistas para su utilización.

Una herramienta de este tipo en manos inexpertas puede ser subutilizada, en cuyo caso estaremos desperdiciando los recursos financieros que le han sido asignados; si bien su desempeño podría mejorarse, para las licencias no siempre existe una segunda oportunidad.

Igualmente grave puede resultar una sobreutilización, que al dar mayor énfasis al uso de la licencia nos haga olvidar de la venta de nuestro producto o servicio.

El uso de licencias representa una valiosa ayuda que, con una planificación correcta, un obsequio adecuado y, sobre todo, una mecánica suficientemente atractiva para el consumidor, puede crear un notable recuerdo de nuestra marca y, lo más importante, un impulso real en las ventas que siempre se traduce en mayores ganancias para la empresa.

CAPÍTULO 11

SORTEOS, CONCURSOS Y PREMIOS INSTANTÁNEOS

Ángel Pedrote

Para conocer un poco los problemas que enfrenta este tipo de actividades promocionales de manera general en Latinoamérica, utilizaremos como referencia lo ocurrido durante las últimas décadas en el mercado mexicano.

Aunque en México las promociones realizadas formalmente por medio de empresas especializadas se remontan a principios de los años setenta, no es sino hasta finales de 1980 que aparece lo que podríamos llamar el *boom* de la promoción.

La razón de este incremento repentino en la actividad promocional obedece a que, hasta 1989, todo lo relacionado con ofertas armadas (por ejemplo, un shampoo gratis en la compra de un enjuague), *bonus pack* (20% extra del producto por el mismo precio) y cualquier otra promoción en producto requería de un permiso especial por parte de la Secretaría de Comercio y Fomento Industrial, trámite que llevaba semanas y, en algunas ocasiones, meses.

Sumado a esto, la Secretaría de Gobernación mantenía una política rígida en todo lo relacionado con los juegos de azar, como sorteos, rifas y concursos, lo que desalentaba cualquier plan de promoción que incluyera estas mecánicas.

Durante los dos primeros años de la década de 1990, las empresas que siempre habían querido incursionar en mecánicas de promoción complementarias a las actividades en punto de venta y casa por casa encontraron, por fin, un canal abierto para poner en práctica toda su creatividad en el desarrollo de actividades promocionales que durante años habían permanecido como meros estudios sobre las estrategias de mercadotecnia ejecutadas en otras latitudes.

Todos querían hacer un sorteo o un premio instantáneo (*Instant Winner*). Pero en aquel entonces el mercado para este tipo de actividades, en México, todavía no contaba con la madurez necesaria para que pudieran llevarse a cabo en forma racional y, sobre todo, con algún antecedente histórico que sirviera de referencia para que cada realización tuviera el éxito esperado.

Consecuencia de esta oleada de sorteos de todo tipo, que saturó el mercado mexicano a lo largo de más de 24 meses, quedó sembrada en la mente del consumidor la percepción muy evidente de que la palabra "promoción" era sinónimo de "sorteo". Esto tiene fundamento si consideramos que las actividades promocionales con mayor apoyo publicitario en la actualidad, traducido en inversión en medios masivos, precisamente son los sorteos, concursos y premios instantáneos.

La gran inversión y difusión dedicada a este tipo de actividades promocionales provocó que durante la década de 1990 se utilizara la expresión "promociones espectaculares" para referirse a ellas, ya que cuentan con importantes asignaciones de recursos y reclaman una participación muy activa de diferentes áreas de una empresa (mercadotecnia, ventas, distribución, legales y otras), además de involucrar a proveedores de todo tipo, como agencias de promoción, agencias de publicidad, licencias, fabricantes de artículos promocionales, gestores para trámites legales, medios masivos, etcétera. Cabe mencionar que las promociones espectaculares no sólo incluyen sorteos o premios instantáneos, sino cualquier combinación de las diferentes mecánicas tratadas en este libro.

Lo más importante de los sorteos es que han sabido colocarse con firmeza en la preferencia del consumidor, lo que hace que siempre formen parte de los planes de mercadotecnia anuales de las empresas con mayor preferencia por las actividades promocionales, como lo son las que fabrican y distribuyen productos de consumo masivo (alimentos, cosméticos, productos de limpieza, etc.). Esto no es impedimento para que empresas como fabricantes de ropa, equipos de computación e incluso productos industriales (por ejemplo, cemento) hayan encontrado en los sorteos, concursos y premios instantáneos un aliado importante en su proceso comercial. Tampoco se quedan al margen de la utilización de estos recursos las cadenas de comercios de todo tipo, desde los grandes supermercados y tiendas de departamentos, hasta las cadenas especializadas (farmacias, talleres, restaurantes) y los pequeños comerciantes; todos por igual encuentran un atractivo para sus clientes al realizar este tipo de planes.

Es importante destacar que para llevar a cabo cualquiera de las actividades promocionales mencionadas es requisito previo hacer algunos trámites ante las autoridades, según se menciona en el capítulo 21, "Aspectos legales".

Antes de entrar en materia, revisaremos la definición de algunos conceptos que van de la mano con el tema.

Prueba de compra

Consiste en un comprobante físico que demuestre la adquisición de un producto y que puede ser diferente de acuerdo con las necesidades y mecánicas de cada promoción.

Entre los diferentes tipos de pruebas de compra podemos mencionar:

a) El embalaje del producto o el recorte de una parte de este (por ejemplo: el código de barras, el nombre de la marca, un cupón especialmente impreso incluido en él para la promoción, una tapa de un frasco o de una lata), lo que no siempre garantiza el período de compra del producto, salvo que la condición sea un cupón o parte del embalaje impreso específicamente para la promoción.

b) El ticket, talón de pago o factura de compra del comercio donde se adquirió el producto, en el cual figure bien identificado, siempre y cuando su fecha corresponda al período de promoción.

c) Servirá para ello cualquier elemento anexado al embalaje, ya sea en su interior o fuera de él, como autoadhesivos impresos o cupones de cualquier tipo, como tarjetas, hologramas, volantes, etcétera.

d) Cualquier combinación de los anteriores.

Redención

Es el porcentaje obtenido al dividir el total de participantes en un sorteo o actividad promocional por el total de números o productos disponibles y multiplicado por cien. Por ejemplo: 18.000 participantes en un sorteo, en el que se contaba con 250.000 números (18.000/250.000) x 100 = 7,2% de redención.

Cupón numerado

Consiste en un cupón impreso con un único número del total de los distribuidos, que puede contar con una o más secciones: la primera es el comprobante de participación para el consumidor, las demás pueden utilizarse para participar en diferentes sorteos, ya sea depositándolas en una urna o buzón de la promoción, o ser enviadas directamente por correo a un domicilio (casi siempre un apartado postal).

Cupón de participación electrónica

El número es generado por un sistema de cómputo, como en el caso de los bancos, cuando el usuario de algún servicio realiza una operación de pago al hacer una compra, un depósito o una consulta de saldo.

Sorteos

La palabra "sorteo" es una derivación de la palabra "suerte", y consiste en la obtención al azar de uno o más premios por parte de una o varias personas (los ganadores, a efectos de la promoción) de entre un grupo de participantes mediante una mecánica determinada con anterioridad y en la que los beneficiados con el resultado no son definidos por decisión o intervención directa de una persona.

Un ejemplo clásico es cuando un consumidor que ha adquirido una marca de jabón en promoción desea participar en el sorteo de un automóvil y, para ello, debe enviar la envoltura del jabón a un apartado postal, en el cual se reciben todas las pruebas de compra enviadas. En una fecha predeterminada, todos las envolturas son depositadas en una tómbola, de la cual será sustraído al azar una de ellas, y la persona en él identificada será la ganadora del premio en cuestión.

Existen diferentes mecánicas para realizar un sorteo, y algunas de ellas se describen a continuación.

La primera y la más utilizada para sorteos en las promociones es la efectuada mediante la redención de pruebas de compra: el consumidor las envía al organizador del sorteo, ya sea por correo a una dirección determinada (casi siempre un apartado postal), o las deposita en buzones ubicados para este fin, o las entrega en centros de canje de la promoción, o por cualquier otro medio tecnológico (Internet, telefonía celular, etcétera).

Para el sorteo, las pruebas de compra recibidas serán reunidas en un mismo lugar (una urna, una tómbola o, en el caso de ser muchas, una habitación o un área diseñada especialmente para ello), de donde se irán obteniendo de una en una al azar después de girar la tómbola y mezclarlas bien. Se tratará de anunciar el premio y su ganador antes de proceder a la extracción de uno nuevo con el fin de evitar confusiones. Una de las razones por las que esta mecánica es la más utilizada obedece a que en general el consumidor que se tomó la molestia de participar en el sorteo tendrá el suficiente interés para esperar su desenlace, lo que garantiza un alto porcentaje de distribución de los premios (véase el capítulo 21, "Aspectos legales").

Otra mecánica es la conocida como "tipo Lotería Nacional", y consiste en la obtención de una cifra formada por varios dígitos, extraídos de diferentes contenedores con esferas, cada una de ellas con un número del 0 al 9; se irán sacando de una en una tantas esferas numeradas como sea necesario hasta reunir los dígitos que formen el número de los boletos participantes, y el ganador será el poseedor del cupón cuyo número coincida con la secuencia antes formada (por ejemplo: si el total de números es de 25.000, deberán obtenerse cinco esferas numeradas, la primera de ellas no podrá ser un número mayor a dos –correspondiente al primer dígito– y la segunda no podrá ser un número mayor a cinco –correspondiente al segundo–). Así, en un sorteo en que haya resultado ganador el número 22875, el premio podrá ser reclamado únicamente por el poseedor del cupón con ese número.

Este tipo de sorteos se recomienda cuando tenemos la seguridad de que quienes poseen los números los conservarán hasta saber los resultados, lo que garantiza que los premios llegarán siempre a su destino. Existe el riesgo de que un número premiado corresponda a un cupón que no haya llegado a manos de un consumidor o que este lo haya extraviado, lo que, en México, obligaría a entregar el premio en cuestión, no reclamado por un ganador, a la Secretaría de Gobernación (véase el capítulo 21, "Aspectos legales").

En el último tipo de mecánica, los sorteos electrónicos, el ganador es generado en forma automática por medio de un sistema de cómputo en donde la participación puede consistir en una operación electrónica. La participación del consumidor puede ser en forma directa, mediante acciones concretas, como conectarse a Internet para registrar sus datos, o de manera automática, al usar una tarjeta de crédito que genera un número de autorización que dentro del sistema del banco se convertirá en un cupón de participación electrónica. También puede ser que en una determinada fecha el sistema genere un número al azar que será el ganador del sorteo electrónico, para premiar al usuario que haya realizado la operación cuyo número de control coincida con el del sistema.

Premios instantáneos

Podríamos definirlos como el resultado de una mecánica promocional en la que el consumidor obtiene mediante la compra de un producto, ya sea en el interior de este o en un centro de canje (véase el capítulo 12), un vehículo de participación (por ejemplo: un embalaje, un cupón, un billete, un sobre cerrado, una tarjeta, etc.) cuyo contenido no es visible, pero que en el momento de revelarse indica si ha ganado o no un premio, en qué consiste este y cómo poder reclamarlo.

Como ejemplo mencionaremos una promoción de un producto que viene en una caja cerrada, cuyo contenido no puede verse, y dentro de ella el consumidor encuentra un cupón con un mensaje que dice: "Felicidades, has ganado un televisor de 20 pulgadas marca X. Comunícate al teléfono 888-88-88 para saber cómo recoger tu premio". En ese teléfono el consumidor corrobora la validez del cupón premiado y recibe instrucciones para obtener su televisor.

En el caso de que no hubiera ganado ningún premio, el mensaje en el cupón podría ser algo como "Gracias por participar", "Continúa intentándolo" o "Más suerte la próxima vez".

Es muy importante definir el vehículo de participación que utilizaremos, ya que si el consumidor supiera anticipadamente que no será ganador con toda seguridad no se interesaría en la promoción. El secreto debe ser guardado hasta el momento mismo en que el consumidor tiene acceso al mensaje promocional. Este vehículo debe crear expectativa, ser visualmente atractivo y ofrecer una forma de participación divertida y novedosa.

Una vez definido el vehículo de participación acorde con la realidad de nuestro producto, su forma de embalaje, costo, etc., tendremos que determinar cuántos premios habrá para la totalidad de cupones y cuál será la forma más adecuada de "sembrar" los cupones premiados entre los no premiados. Este "sembrado" consiste en mezclar en forma aleatoria cada cupón con premio entre un grupo de cupones sin premios, de tal manera que se garantice que sólo el azar hará ganador a un determinado participante, sin ventajas de ningún tipo sobre el resto de los posibles ganadores.

El "sembrado" de los premios deberá planearse y especificarse en forma clara, tratando de mantener la mayor confidencialidad posible en el procedimiento, no sólo para que tenga éxito el resultado de la promoción, sino para que también sea confiable y transparente a los ojos del consumidor y de las autoridades competentes.

Cuanto más elevado sea el valor de los premios, mayor será el riesgo de que aparezcan cupones premiados, y por ello las promociones con premios al instante casi siempre son catalogadas de "proyecto de seguridad". En estos casos, deberá contarse con mecanismos que hagan confiable la entrega de premios y la recuperación de los cupones premiados que amparan esa entrega. Estos mecanismos pueden delegarse y ser responsabilidad del proveedor del vehículo del premio, pero también pueden ser desarrollados en forma relativamente simple por quien organice la promoción.

Algunos de los mecanismos para evitar falsificaciones son los siguientes:

- Uso de códigos alfabéticos o numéricos que únicamente conozcan los organizadores y sólo existan en los cupones premiados. Por ejemplo: un boleto cuyo premio es un automóvil puede contar con un número de serie (N° 0001) y además llevar impresa una secuencia única en un ángulo (ABC123def). Por esta sabremos en forma inmediata si el cupón es falso o no.

- Uso de tintas especiales que no puedan ser detectadas a simple vista y que sirvan como confirmación del cupón en cuestión. Existen en el mercado tintas que sólo son visibles con una luz negra o ultravioleta, y que pueden utilizarse para colocar un código o firma en los cupones ganadores.

- Uso de sistemas de impresión complejos e infalsificables (o cuya falsificación es muy costosa), como los hologramas (impresión mediante láser), cada vez más utilizados en diferentes aplicaciones para fines comerciales.

Concursos

Utilizaremos como definición de concurso una prueba entre contendientes que cumplen una serie de requisitos (edad, sexo, pruebas de compra, etc.), con el fin de obtener a cambio de su participación un premio o reconocimiento previamente establecido y que, a diferencia de los sorteos y premios al instante, es asignado por las habilidades o virtudes específicas de la persona (por ejemplo: puntería, habilidad para dibujar, dotes artísticas, etc.), y no mediante el azar.

Existen muchos ejemplos, entre los que podemos mencionar los concursos de dibujo para niños que realizan los fabricantes de pinturas, lapiceras, crayones, etc.; concursos de belleza en los que participan activamente fabricantes de cosméticos, medias para mujeres y otros artículos similares. Los premios para los ganadores de estos concursos pueden ser muy variados, y mientras que en un concurso de dibujo el premio puede ser un equipo escolar, en uno de belleza o de canto pueden ser fuertes sumas de dinero en efectivo, automóviles o premios de mayor trascendencia, como contratos con empresas productoras de discos y de televisión.

Una aplicación práctica de estos concursos orientados al punto de venta, y que además generan ventas en forma inmediata, son los concursos de destreza utilizados en los supermercados, en los que por lo general sólo pueden participar quienes hayan adquirido un determinado producto. Una vez acreditada su compra, se les permite demostrar su destreza en actividades como tirar dardos a un blanco, encestar pelotas en canastas de básquetbol o meter goles en arcos de fútbol a escala. En este tipo de actividades, la mayoría de las veces los premios consisten en un producto gratis para los clientes o artículos promocionales (llaveros, encendedores, pelotas, gorras, camisetas, etc.) de la marca, por valores que se van incrementando de acuerdo con el grado de dificultad de la destreza demostrada.

Recursos tecnológicos

Con la llegada del nuevo milenio se ha incorporado a nuestras vidas el uso de elementos que 20 años atrás nos hubieran parecido parte de la trama de una película de ficción. Hoy vemos con naturalidad la aparición de nuevas tecnologías de uso cotidiano, como lo son Internet, la telefonía celular y los sistemas inteligentes de reconocimiento de voz (*Intelligent Voice Recognition* o IVR) que también han tenido incidencia en la forma de participación en sorteos y concursos, y que han enriquecido notablemente la promoción. Con ellas no sólo se estimula la participación del consumidor al crear procedimientos variados, sino que además aportan información sobre los participantes, como su edad, sexo, lugar de residencia, etc., que puede ser utilizada para la planificación de actividades de promoción posteriores.

En resumen, podemos contar con tres nuevas formas de participación tecnológica:

- Internet. El consumidor accede a un portal de Internet, donde puede dejar sus datos, contestar preguntas, registrar el producto que le interesa y obtener un número para participar en un sorteo o, incluso, acceder a un bien o servicio de uso inmediato, como música para reproductores MP3.
- Teléfono celular. Por medio de lo que se conoce como mensajes o servicio de mensajes cortos (*Short Message Service* o SMS), un consumidor puede participar en un sorteo al enviar un texto a un número telefónico predeterminado, generalmente relacionado con la marca o la mecánica de la promoción. Un sistema automático puede incluso emitir respuestas y enviar información a los participantes para que puedan hacer un seguimiento.

141

- IVR. Este servicio es muy utilizado por las empresas de televisión para provocar la participación de su audiencia en un programa donde se promociona una marca determinada. El sistema registra la llamada, que puede ser con cargo o gratis para el consumidor, y genera de manera automática una acción específica, como emitir un cupón impreso para un sorteo o asignar un número a la persona que llamó.

Difusión

Por regla general, la inversión necesaria para que nuestros sorteos o concursos puedan contar con un apoyo en medios masivos de comunicación suele ser directamente proporcional al alcance esperado en ventas y presencia de la marca en el mercado.

Aun cuando en algunos casos sea posible tener difusión local y utilizar los recursos de los comercios (boletines, material publicitario o promocional, información por medio del sistema sonoro interno, volantes en la periferia, etc.), nunca debemos esperar que el empaque de un producto por sí solo hable de un sorteo, concurso o premio instantáneo, porque entonces el resultado podría ser que no se lograra un incremento en las ventas y sólo podrían participar en la promoción unos pocos consumidores habituales de la marca.

Más grave aún sería, en el caso de los premios instantáneos, que un participante no supiera que ha sido acreedor a un premio importante (un automóvil, una casa, dinero, etc.) porque no prestó atención a la promoción, al cupón, al empaque o a cualquier otro medio para acceder al premio por no haber sido difundida en forma eficiente la existencia de la promoción.

Si el presupuesto lo permite, es muy recomendable contar con apoyos de todo tipo en los medios masivos de comunicación para que la información esté perfectamente dirigida a nuestro público objetivo.

Un excelente apoyo para las promociones que entregan premios son los llamados anuncios testimoniales. Así son denominados porque los propios consumidores que han ganado un premio dan testimonio, en un anuncio de TV, prensa, revistas o radios, del premio obtenido, cómo lo consiguieron, qué marca se lo entregó y demás detalles relacionados.

Los anuncios testimoniales son de gran ayuda a lo largo de toda la promoción, pero cuando se publican al final de esta sólo tienen una función de imagen y no necesariamente provocan un incremento en las ventas.

Recomendaciones finales

La definición de las cantidades de premios, su variedad y valor será una de las decisiones importantes, y ella dependerá del tipo de sorteo y del producto a promover.

Por regla general, cuanto más simple sea la mecánica de entrega de premios más fácil y menos costosa será su operación y, en consecuencia, mayor éxito tendrá. Por todo ello, es muy sensato dar una menor cantidad de premios de mejor valor, a pesar de que, si se cuenta con los mecanismos suficientes para distribuir muchos premios (como camionetas de reparto que hagan esta labor), no debe desecharse la posibilidad de hacer ganadores a un gran número de consumidores.

Siempre deberá designarse a un responsable con experiencia, más aún si se trata de un proyecto de seguridad donde se deben "sembrar" premios, entregarlos, etc.; pero ante todo alguien que garantice la impecable realización de los trámites legales y que el consumidor quede satisfecho cuando resulte ganador.

CAPÍTULO 12

CENTROS DE CANJE

José Luis Chong

Una de las estrategias promocionales utilizadas con frecuencia consiste en ofrecer a los clientes potenciales regalos atractivos a cambio de comprobantes de compra de uno o varios productos (*free premiums*), o bien solicitarles, además de tapas, etiquetas o envases, un importe en efectivo, que casi siempre es el equivalente al costo del obsequio (*self liquidating*). En ambos casos, es necesario contar con centros de canje para realizar la transacción.

Dichos centros de canje deberán estar presentes en las ciudades donde se realiza la promoción, en cantidades y ubicaciones tales que sean de fácil localización y acceso para el público. Por lo general se instalan en supermercados, tiendas de departamentos o cadenas de establecimientos de franquicia, como heladerías, alquileres de videos, etcétera.

La publicidad en apoyo de la campaña deberá mencionar con claridad el lugar al que se puede acudir para realizar el canje y, por medio de impresos, el horario de servicio y el período de vigencia de la promoción. El local de canje deberá contar con espacio seguro y suficiente para almacenar los regalos y los comprobantes de compra, así como con un mecanismo administrativo que le permita recibir, controlar y depositar el efectivo recaudado. El centro de canje deberá estar muy bien identificado para que su presencia sea evidente.

Este tipo de promociones es recomendable para productos establecidos y con una base considerable de usuarios frecuentes, a los cuales se dirige el incentivo, para que realicen mayores compras de lo acostumbrado; por lo tanto, no es aplicable a los productos de reciente lanzamiento. Se deberá imprimir la marca del producto en el artículo que se obsequie para reforzar su imagen, y lo ideal es que este sea una extensión natural que fomente el consumo. Por ejemplo: una "pañalera" por cinco envolturas de pañales X más 20 pesos, o un portabotella térmico por cinco tapas de una bebida refrescante.

En otros países, donde esta actividad se ha desarrollado con frecuencia y desde hace bastante tiempo, es normal que el canje se realice por correo, mediante el envío de un cheque por el importe solicitado junto con los comprobantes de compra. En México el uso del correo no cuenta con la aceptación de los consumidores, quienes prefieren la seguridad de ir personalmente a realizar el canje.

Otro aspecto que muestra la madurez de este tipo de promociones, por ejemplo en Estados Unidos, es el aumento en el valor e importancia de los incentivos, al grado tal que productos como Coca Cola o Marlboro ofrecen un catálogo de artículos que pueden adquirirse sin necesidad de comprobantes de compra de producto alguno. En este caso, la actividad promocional ha pasado a ser de relaciones públicas.

En México, por las características de su mercado y su cultura, es recomendable para el éxito de la campaña usar centros de canje distribuidos de manera estratégica para facilitar su localización y seleccionar artículos de incentivo más originales que caros.

Otros cuatro factores que deben considerarse al planear esta actividad promocional son:

- El uso de apoyo publicitario que dé a conocer el incentivo y los lugares de canje.
- El tiempo promedio de consumo de cada producto cuyo comprobante de compra se solicita para permitir que los clientes potenciales lo puedan adquirir y consumir a un ritmo razonable dentro del período promocional.
- Algún mecanismo de investigación para determinar, entre una selección previa, cuál es el artículo más atractivo para el consumidor objetivo.
- El costo de los centros de canje.

Analizamos a continuación cada uno de estos puntos:

Apoyo publicitario

Muchas promociones funcionan bien sin apoyo publicitario, como las que se realizan "armadas" con el producto (véase el capítulo 8): una bebida que ofrece gratis una atractiva licorera o un consomé de pollo que obsequia una mayonesa son atractivas por sí mismas en las estanterías. No sucede lo mismo con los centros de canje.

La publicidad será indispensable para informar y motivar a los clientes potenciales a que adquieran un producto tantas veces como sea necesario para reunir los comprobantes de compra, también para que aporten algún dinero adicional y acudan al módulo de canje más próximo para adquirir el incentivo (*premium*), todo esto dentro del período de vigencia de la promoción.

Una alternativa, en caso de no contar con presupuesto publicitario, es colocar una promotora de ventas en el interior del comercio, junto a la exhibición del producto, para comunicar la promoción con el apoyo de una muestra física del artículo de obsequio; otra promotora podría estar fuera del área de cajas, para atender en el centro de canje a los consumidores o usuarios que, motivados, hubieran adquirido de una sola vez todo el producto necesario para poder obtener el obsequio.

Tiempo de consumo

Se debe conocer, por medio de estudios de hábitos de uso y actitudes, el tiempo promedio que requiere un consumidor para terminar con una presentación de producto y, de esta forma, confirmar el plazo necesario para reunir el número de pruebas de compra que se solicitará a los usuarios, con un margen razonable de tolerancia. Es recomendable, por experiencia en productos populares, que el período promocional no exceda los 90 días, pues el interés decrece transcurrido este tiempo.

Un promedio conveniente sería pedir compras equivalentes a 45 días de consumo, con un plazo de 90 días para realizar el canje. Como ya se ha mencionado, en caso de que el obsequio sea muy atractivo, el consumidor puede llegar a hacer las compras necesarias para llevarse el premio de inmediato, o las estrictamente complementarias a las que tiene en su despensa, para regresar más tarde por su regalo. De cualquier forma, la visita a los centros de canje se incrementará con el paso de los días en la medida en que la publicidad haga su labor.

Prueba de aceptación

La importancia que tiene la correcta selección del artículo promocional hace indispensable la realización de estudios que determinen la intención de compra probable que pueda tener cada uno de los regalos (*premiums*) considerados en la selección final. De acuerdo con la importancia de la inversión involucrada, pueden realizarse desde muestreos informales a cargo del departamento de mercadotecnia, hasta sesiones de grupo e incluso estudios cuantitativos, con profesionales externos de investigación de mercados.

Un criterio para la selección es que el artículo promocional no pueda ser conseguido de otra forma. Es famoso el precedente dejado por la promoción lanzada en México por un refresco embotellado que ofrecía un reloj por una determinada cantidad de tapas más una suma en efectivo, ignorando que el mismo artículo se podía comprar en el comercio informal por un importe similar. El resultado fue que la empresa embotelladora tuvo que almacenar varios miles de sus regalos ante la falta de demanda.

Otro criterio, cuando se cuenta con una imagen de marca atractiva, es la posibilidad de imprimir dicha marca en el artículo promocional, transmitiéndole su atractivo y elevando su originalidad. Esto permitirá solicitar al consumidor, además de los comprobantes de compra necesarios, un equivalente entre el 60 y el 100% del costo del incentivo.

Tampoco deberá dejarse de lado, en la selección de los artículos a obsequiar, la temporada, cuando el producto a apoyar también sea cíclico. Unos anteojos para el sol o una toalla siempre serán compañeros ideales para promover un bronceador durante el verano.

Costos de los centros de canje

Parte fundamental en la decisión de realizar o no este tipo de actividad promocional es la inversión requerida para instalar y operar el mayor número posible de centros de canje durante todo el período de la promoción.

Para afrontar este requerimiento, los fabricantes optan por realizar la promoción únicamente en las principales ciudades del país; por ejemplo, en México, en Valle de México, Guadalajara y Monterrey. Otros buscarán algún proveedor para el servicio de canje y compartir su campaña con otra de productos no competidores; con ello disminuirán el costo o bien tendrán una mayor cobertura por el mismo presupuesto.

Lo ideal siempre será contar con el propio centro de canje, por imagen de marca y servicio; sin embargo, el proveedor compartido puede funcionar bien si se tiene el cuidado de hacer una buena selección.

Por último, deberá considerarse que cuanto mayor sea la cantidad de centros de canje mayor debe ser el stock de artículos promocionales para poder abastecer en cantidad suficiente a cada uno de ellos. También deberá existir un control efectivo de los desplazamientos, para realizar oportunamente movimientos de existencias de una ciudad a otra, y lograr así el mejor desempeño de la campaña.

Ventajas

Esta promoción no altera la presentación normal del producto, como sucede cuando el regalo se coloca dentro del empaque (*in-pack*) o fuera de él (*on-pack*) y que hace necesario modificar la línea normal de producción o de empaque, con el consecuente incremento de costos por la baja productividad.

Se puede ofrecer un artículo promocional de mayor atractivo para el consumidor si además de las repetidas compras del producto se le pide un importe equivalente aparte o el total de su costo. El equilibrio ideal es que el consumidor pague por completo el costo del regalo y el fabricante realice la inversión de los centros de canje y el apoyo publicitario.

Este tipo de actividad promocional ofrece un premio a la lealtad de los consumidores frecuentes, al invitarlos a comprar el producto acostumbrado en una cantidad ligeramente superior a lo normal; también puede ser un poderoso atractivo para los clientes de las marcas competidoras, cuando no exista una diferencia significativa entre ambas (*me too product*).

Desventajas

Cuando el artículo promocional ofrecido como obsequio está a la venta en forma regular en el comercio, los negocios pueden objetar la instalación de centros de canje aduciendo que podrían afectar sus ventas. Este inconveniente deberá ser subsanado por los representantes del fabricante con el argumento de las utilidades que se lograrán provenientes del incremento en las ventas del producto promocionado. Sin embargo, lo ideal es que el obsequio no se pueda encontrar en venta en los comercios.

Es muy difícil encontrar un artículo promocional que guste a todos los clientes potenciales. El criterio de selección deberá basarse en la calificación estadística que ofrecen los estudios de intención de compra, con el cuidado de que la muestra de entrevistados sea representativa de los consumidores objetivo.

Siempre existirá el riesgo de que, por las condiciones dinámicas del mercado, un incentivo no logre la aceptación planeada y este tenga que ir a los depósitos de promociones del fabricante; en el caso contrario, si se tiene un éxito inusitado, por lo general no se cuenta con tiempo suficiente para conseguir una producción adicional de obsequios para poder distribuirlos en todo el país.

Evaluación

Es conveniente recordar que en toda planificación promocional se deberá establecer como principio que los objetivos comerciales y financieros de la campaña puedan ser evaluados en forma cuantitativa.

Para determinar si una promoción de centros de canje ha tenido éxito o no deberán considerarse, además del número de obsequios "redimidos" por el público del total de los fabricados, otros elementos de tipo comercial, como la participación de mercado alcanzada y el nivel de recordación de marca por parte de los consumidores, así como la posición lograda en el punto de venta, en términos de espacios de góndola y de exhibiciones adicionales del producto.

Desde el punto de vista financiero, deberán compararse el nivel de ventas, el gasto y la utilidad alcanzada con la inversión realizada durante el período promocional. Se deberá medir también si las colocaciones del producto efectivamente se desplazaron hacia el consumo o si las mayores ventas quedaron en los depósitos de los comerciantes.

CAPÍTULO 13

PROMOCIONES CON BONIFICACIONES AL COMERCIO

Guillermo Mendoza

Ante los constantes cambios en el mercado, el incremento de la competencia entre las marcas y las necesidades y exigencias de los compradores, los fabricantes han tenido que modificar las estrategias de ventas para poder acercar sus productos a los consumidores. Una de estas estrategias es conocida como *bonificación*, que busca promover la venta de algún producto sin que esto implique, en la mayoría de los casos, un descuento directo en dinero.

En este capítulo hablaremos de los diferentes tipos de bonificaciones utilizados comúnmente en el comercio en general y presentaremos algunos casos.

Sobre las bonificaciones

Las bonificaciones son actividades que permiten el más fácil desplazamiento del producto en el mercado, hacen posible una mayor rotación, son simples y comprensibles para el comprador, y prácticamente pueden aplicarse a cualquier tipo de productos.

Es muy importante definir la estrategia que tiene el proveedor para cada producto ya que algunos nunca se promocionan por contar con un precio "*premium*", y precisamente su estrategia consiste en no disminuirlo para que el consumidor lo tenga como un producto de alta calidad. Si lo que busca el cliente es promover el producto, aunque este sea líder, posiblemente hará algún tipo de promoción; en cambio, existen otros productos que únicamente se venden con precios bajos.

Dependerá también de si es temporada de lanzamiento, si se trata de un producto estacional, si diminuyeron las ventas, o de las situaciones de los stocks o del mercado.

No existe una regla fija para determinar un límite en el monto invertido en bonificaciones, aunque por lo general no debe sacrificarse más del 30% del margen del producto; sin embargo, el fabricante deberá hacer un análisis ya que no todos los artículos arrojan los mismos porcentajes.

Entre los productos con mayor rango de ganancia están los laboratorios, vinos y licores; no así los refrescos, una de las categorías con menor margen.

Hoy en día, las cadenas cuentan con una infraestructura avanzada y con mejor planificación financiera, son mucho más analíticas y ellas mismas son las que proponen el plan promocional, a pesar de que sea obligación del fabricante y de su equipo de ventas el hacer y presentar su propio plan, sin esperar a que se lo pidan, con la temporalidad que cada empresa establezca. Así, en los casos donde tanto el fabricante como la cadena cuentan con un plan promocional ellos se van modificando de acuerdo con los intereses de ambas partes. Evidentemente, cuanto mayor sea la antelación con que se conozcan dichos planes, mejor planificación tendrán las actividades promocionales.

Cada empresa lleva sus finanzas y sus presupuestos de distinta manera, y para realizar todas las actividades de venta algunas lo manejan como un presupuesto de ventas, otras como un presupuesto de marca y en otras existe un presupuesto compartido.

Actualmente, las reglas tradicionales han sido modificadas en gran medida por las cadenas de supermercados que, a diferencia de hace algunos años, hoy juegan un papel más productivo y crean sus propios planes de ventas.

Antes, tanto el comerciante como el proveedor estaban muy enfocados en direccionar sus esfuerzos y su presupuesto en actividades *push* (actividades utilizadas para "empujar" la mercancía al proveedor y a su vez "empujarlo" hacia el consumidor final), se pretendía llegar a las metas de ventas y no existía tanta competencia en el mercado; entonces, se abarrotaban las tiendas, el comercio sacaba una promoción sin hacer un análisis financiero en profundidad. Hoy en día prefieren dirigirse más a esfuerzos *pull* (actividades cuya función es "jalar" al consumidor hacia el producto).

Algunos tipos de bonificaciones

Por aperturas o aniversarios

Antes, cuando alguna cadena abría un nuevo local, los proveedores grandes no participaban; hoy en día lo usual es que todos hagan algún aporte, ya sea un descuento o un plazo mayor para el pago del primer pedido.

Participar en estas actividades es algo que beneficia al proveedor, pues es en este momento cuando se ganan mayores espacios, cabeceras, frentes, islas, etcétera.

Quiebre de precios

Anteriormente el descuento era pagado mitad por el proveedor y mitad por el comerciante. La práctica consistía en que el fabricante otorgara elevados descuentos que dejaban a las cadenas márgenes altos que les permitían actuar en forma agresiva: utilizaban estrategias de "quebrar los precios", es decir, constantemente existían promociones importantes como descuentos del 40% o lleve dos por el precio de uno.

En el canal mayorista son muy utilizadas las actividades *push*. Si bien una baja en el precio aumenta la salida del producto, cuando un mayorista lo hace, los demás lo bajarán de inmediato y comenzará una guerra de precios en la que, seguramente, todos perderán más de lo que puedan ganar, por lo que se transforma en una guerra de perdedores.

Esto demuestra que no es rentable hacer ofertas con mucha frecuencia ni muy profundas, pues con ello se debilita el mercado.

Precios bajos todos los días

El único tipo de bonificación al comercio que existía era el mutuo acuerdo. Hoy en día se ha transformado en un esquema que opera a favor del comercio en su política de "precios bajos todos los días" (*every day low price*). En la mayoría de los casos, cualquier bonificación o descuento obtenido del fabricante es aplicado al precio, por lo que el costo es absorbido por el fabricante. Así, en vez de darles todos los días precios altos y bajos, se integran todos los descuentos (por pago anticipado, pronto pago o por logística) y estos repercuten en el costo del producto, permitiendo que la cadena de supermercados transfiera la diferencia al consumidor final.

En México, la estructura administrativa de las tiendas del gobierno tiende a complicar la creación de promociones, por lo que se opta por dejar fija una actividad en el punto de venta, con nuevas negociaciones mensuales o trimestrales.

En los últimos años las ventas de las tiendas del gobierno han decrecido, cada vez se cierran más locales y no hay nuevas aperturas; en 2005 cayeron el 2%, mientras que las cadenas de inversión privada han crecido. En 2005 han tenido el mayor crecimiento de los últimos tres años, como resultado de la combinación de un mayor movimiento de clientes; por ejemplo los "*road shows*", con mercancía novedosa que se renueva cada dos o tres semanas, han arrojado un aumento del 4,9% y un crecimiento en las ventas en valores del 1,6% anual en términos reales. A fines de septiembre de 2005 se registró un total de 126 aperturas netas, las cuales representan un crecimiento del 9% en unidades con respecto al año anterior. (Fuente: *Infobasic, S.A. de C.V. Tiendas de autoservicio*, tercer trimestre, 2005.)

Por volumen de ventas

Otra práctica en bonificaciones a supermercados es la que se maneja de acuerdo con las cantidades vendidas; se hacen planes de crecimiento mensuales, trimestrales o anuales y, al comparar las cantidades vendidas con las planificadas, la tienda puede obtener algún beneficio en productos adicionales. Sin embargo, en la actualidad esto no resulta muy atractivo para los proveedores, pues no les interesa que el comercio esté abarrotado de mercancía, sino que haya mayor salida de esta hacia el consumo.

Los clubes de precios dependerán de lo que quiera el proveedor, pueden manejarse sin promociones, dentro del esquema de precios bajos todos los días (*every day low price),* para lo cual piden al fabricante exclusividad, el mejor precio y ninguna promoción o descuento, o armar alguna estrategia de venta que beneficie al comprador, como cupones canjeables.

En el canal mayorista la práctica era, y sigue siendo, llegar a un volumen de venta establecido para que el mayorista pueda ser bonificado con producto o con dinero; incluso, para metas mensuales o trimestrales, se manejan planes o incentivos que se traducen en promociones no incluidas en el presupuesto, tales como viajes, autos o alguna otra recompensa en especie.

Algunos fabricantes garantizan el precio más bajo del mercado si son proveedores exclusivos; así, si la competencia quiere llegar a romper la exclusividad el proveedor ya tiene afianzado el canal.

Exclusividad

El acuerdo de exclusividad con una marca es una práctica muy común en el caso de la industria de bebidas, en especial cervecerías, refrescos, así como vinos y licores, y en general las relacionadas con el canal de consumo; esto se ve muy generalizado en estadios, cines, restaurantes, salas de teatro, auditorios y foros de eventos y conciertos, aunque también se llega a dar en supermercados.

Algunas cadenas buscan ser las primeras en lanzar un producto al mercado, pese a que, posiblemente, la política correcta del proveedor debería ser lanzarlo al mismo tiempo en todas las cadenas. En el primero de los casos, el proveedor se compromete a una pronta distribución, una favorable exhibición y la introducción masiva con éxito del producto a cambio de tener la exclusividad durante una semana, 15 días o un mes; más tarde se introducirá en las demás cadenas de supermercados.

Enfoque social

Se busca en especial algún beneficio colectivo, como empresas socialmente responsables. Tanto el canal como el proveedor pueden llegar a brindar apoyo y, según los resultados de la negociación, la cadena obtendrá productos o alguna otra bonificación que pueda repercutir en quien lo necesite.

Bonificación obligada

Como en todo, siempre existe una excepción. Una bonificación es obligatoria para el proveedor cuando hay en los depósitos cantidades de un producto perecedero con fecha próxima de caducidad; resultará más costoso recogerlo o destruirlo que ofertarlo y perder un margen. Entonces, si es una práctica que suela realizar el canal, este asumirá el costo; de lo contrario, la pérdida será para el fabricante.

En conclusión

Ninguna bonificación asegura la venta del producto; muchas veces el proveedor se llena de mercancía que luego debe devolver, y esto significa doble gasto. Lo correcto es, desde un inicio, tener un buen producto, bien exhibido, con el precio y la comunicación adecuada; pero la actividad promocional debe estar enfocada de tal manera que cuando el consumidor esté frente a la estantería tome el producto y se lo lleve satisfactoriamente. Podría decirse entonces que toda la inversión en degustación, promociones, demostración, exhibidores, anuncios por los medios masivos de comunicación, etc., han ayudado a cerrar la venta.

Para el canal mayorista, lo ideal es contar con una promoción que beneficie primero al mayorista, el primero en comprar; a su vez, este le vende a un medio-mayorista, quien también debe tener un beneficio; posteriormente el producto pasa al canal detallista, donde el consumidor debe ser atraído por esos productos y así premiar a toda la cadena de suministro y, especialmente, al consumidor final, tal vez con un *bonus pack* o con más producto.

Podemos decir entonces que las condiciones en el comercio han cambiado, ha habido un período de transición. Primero el poder lo tenían los productores. ¿Por qué? Porque al no haber tantos puntos de venta el fabricante podía ser selectivo e imponer sus condiciones a la cadena, pero llegó la etapa en que los puntos de venta se multiplicaron, así como la oferta de proveedores, y se hizo imprescindible el apoyo promocional para el impulso de un producto.

Los fabricantes creían que era el consumidor quien tenía el poder, y sobre esa base se producía y se planificaba; sin embargo, lo que estamos viendo hoy es que el poder lo tiene la cadena; al final, aunque el consumidor lo quiera, si la cadena no lo exhibe, el producto no se vende.

Los gurúes del marketing dicen que esto va a cambiar, que ya está sucediendo en ciertos países avanzados, y que el consumidor romperá las barreras de distancia, y a veces de tiempo, al hacer sus compras por Internet, desde los productos de supermercado hasta los más complejos o especializados.

CAPÍTULO 14

PROMOCIONES DE CONTINUIDAD

Carlos Koehn

El reto de las promociones de venta gira en torno a la idea de que el tipo de motivación del consumidor siempre es cambiante. El uso de una planificación motivacional de productos o servicios tangibles es universal, ya sea que se trate de una pequeña empresa o de una gigante.

Los resultados de los programas de motivación de ventas son medidos en términos de mantener o incrementar la participación del mercado potencial y van dirigidos al consumidor final, que es el usuario del producto o servicio y quien decide la compra.

No importa lo bueno que sea el producto o servicio, este debe ser consumido para mantener el sistema en movimiento. Si el producto se queda en las góndolas, si el asiento en el avión está vacío, si queda disponible la habitación de un hotel, entonces la pérdida en ventas provoca consecuencias financieras en la organización. Se necesitarán menos pilotos, se utilizarán menos aviones y más pequeños, se construirán menos hoteles, serán necesarios menos empleados para dirigir, vender o proporcionar servicios, y la economía se deteriorará.

Los programas de frecuencia o de continuidad son una de las técnicas promocionales que forman parte integral del arsenal mercadotécnico disponible para ser utilizado en el *marketing mix* de hoy. Por medio de estas promociones los consumidores son recompensados de alguna manera por sus compras repetidas o frecuentes, o por el uso de un producto o un servicio. Los parámetros de la promoción pueden variar, pero la intención es la misma: promover lealtad de compra, continuidad y frecuencia. Hoy en día, tanto en Estados Unidos como en México, las señales parecen apuntar hacia los programas de compradores o consumidores frecuentes como el concepto promocional más importante disponible dirigido al consumidor.

Los tres programas –continuidad, frecuencia y estampillas– serán tratados en este capítulo, pero para los efectos prácticos serán considerados como programas de frecuencia. La expresión marketing de frecuencia es un nombre arbitrario que se ha vuelto más familiar por el uso en los servicios de viajes, en su modalidad de viajero frecuente, huésped frecuente y usuario frecuente de alquiler de automóviles. Hoy en día, empresas de todo tipo han integrado en forma importante estos programas de frecuencia en sus estrategias promocionales. Así, están las tarjetas de crédito con sus programas de puntos redimibles por todo tipo de artículos o bien aplicables al saldo mensual, las tiendas de departamentos ofrecen descuentos especiales por el uso de sus tarjetas y las cadenas de comidas rápidas motivan al consumidor por medio de planillas que deben llenar con estampillas redimibles por insumos de la misma cadena.

Para continuar desde un fundamento conceptual sólido, debemos definir el objetivo del marketing de frecuencia:

Identificar, mantener e incrementar la productividad de los clientes mediante una relación a largo plazo, interactiva y con valores agregados que los motiven a utilizar continuamente los servicios y productos que se les ofrecen.

Millones de viajeros de negocios han sido condicionados en la última década a redimir la lealtad de marca por millas y puntos para viajes, premios y trato especial. Estos programas han funcionado tan bien que las empresas de productos de consumo, en Estados Unidos, están lanzando de manera entusiasta programas de compradores frecuentes.

Los beneficios de los programas de frecuencia incluyen la motivación de hacer llegar al consumidor a un comercio, inducirlo a volar por cierta aerolínea, hospedarse en determinado hotel, alquilar en cierta agencia de autos o directamente comprar el producto o servicio. Una vez que el consumidor ha comprado el producto o servicio, los programas pueden ser un método efectivo para asegurar que este se mantenga leal y regrese constantemente. Tal vez lo más importante sea que los programas de frecuencia resultan una sólida estrategia defensiva para contraatacar las actividades de los competidores; un beneficio básico cuando exista paridad de producto, competencia intensiva o se erosione la participación de mercado. Los programas de frecuencia pueden generar un muro alrededor de los clientes para mantener fuera a la competencia y dentro a los consumidores.

Tipos de programas de frecuencia

Es posible que los pormenores de un programa de frecuencia y la forma en que pueden ser estructurados tengan variaciones. A continuación presentamos una breve descripción de los programas de continuidad, frecuencia y estampillas, y las diferencias entre cada uno.

Programas de continuidad

Un programa de continuidad es un plan autofinanciable o generador de ingresos, utilizado sobre todo en supermercados donde se ofrezca un determinado grupo de insumos relacionados entre sí. Por ejemplo, el consumidor puede adquirir un juego de copas diferentes, cada semana, durante cierto período de acuerdo con las compras que haya efectuado. Los supermercados pueden ofrecer, con esta mecánica, vajillas, cubiertos, vasos, discos o libros. Hoy en día, este tipo de programas también es utilizado por restaurantes de comida rápida, los que presentan semanalmente una variedad continua de juguetes para coleccionar. Estos programas provocan repetición de visitas.

Programas de frecuencia

Un programa de frecuencia consiste en medir las compras de un determinado consumidor de un producto específico, y otorgarle una recompensa que puede ser en productos o servicios gratuitos iguales al producto comprado. Los programas de frecuencia son utilizados en su mayor parte por aerolíneas, hoteles, alquiler de autos y, actualmente, en productos de consumo popular.

Las aerolíneas fueron las precursoras de este sistema, cuando las líderes se vieron obligadas a contraatacar a las aerolíneas regionales, quienes les estaban quitando sus clientes. Al atraer a nuevos clientes y generar la lealtad de los pasajeros, las aerolíneas enriquecieron el programa con folletos que ofrecían valores agregados y un informe mensual de los puntos acumulados para mantener constante el interés.

La industria hotelera premió a sus clientes leales con valores agregados con muy bajo o ningún costo; por ejemplo, el cambio a una mejor habitación por el mismo costo. Los mercadólogos en todos los campos aprendieron que existe un camino para vigilar las compras de los clientes, analizarlas y efectuar acciones sobre la base de esa información.

La propia naturaleza de este enorme sistema de base de datos ha provocado que muchas empresas vendieran sus servicios y/o base de datos a otras. Pueden encontrarse ejemplos en el programa del Club Premier de Aeroméxico o el programa *Membership Rewards* de American Express con cadenas de hoteles, restaurantes o comercios especializados.

Programas de estampillas

Los programas de estampillas fueron instrumentados mucho antes que los de frecuencia. En este caso, las estampillas son coleccionadas para impulsar simultáneamente el uso o compra, y son redimidas por mercancía. Los programas de estampillas son sobre todo utilizados por los supermercados, porque generan fidelidad para determinado comercio y atraen repetidamente al cliente.

El "abuelo" de los programas de promoción de ventas es el plan de estampillas. En Estados Unidos, estas existen desde 1890. El concepto es simple: el consumidor las recibe a cambio de un determinado monto de compra. Los consumidores pueden redimirlas por regalos presentados mediante un catálogo o en un centro de canje. De esta manera, los compradores podían obtener los productos del catálogo sin costo alguno, salvo su lealtad de compra.

El programa de estampillas tiene una meta muy simple: la fidelidad del consumidor. Mientras más compren, más valor por la redención reciben. El costo operativo de este programa es menor que el valor real del regalo redimido, y es compensado por el incremento de las ventas al consumidor.

Como se ha mencionado anteriormente, las cadenas de comida rápida han realizado programas de estampillas redimibles por insumos de la misma cadena, por descuentos o bien por diversos regalos, sobre todo para el público infantil.

Propósitos de los programas de frecuencia

Todos los programas de frecuencia tienen el mismo propósito y objetivo final: lograr que la acción de compra genere lealtad a la marca. Este patrón de fidelidad podría significar compras continuas, repetición en el uso de un servicio, hospedaje en la misma cadena de hoteles, utilizar la misma tarjeta de crédito o usar el mismo detergente o cereal. A cambio de esta lealtad, el patrocinador del programa proporcionará al comprador algún tipo de recompensa.

Ventajas de los programas de frecuencia

Son muchas las ventajas que se obtienen al utilizar esta estrategia de promociones. Con dichos programas pueden obtenerse los siguientes logros:

• Incrementos en la frecuencia de compra de productos o servicios.
• Incremento de frecuencia de visita a los negocios.
• Creación de hábitos de compra, los cuales continuarán con posterioridad al período promocional.
• Construir una base de datos con el comportamiento de los compradores participantes.
• Son fáciles de medir y de determinar su efectividad.

Uno de los beneficios colaterales de una promoción que induzca a la frecuencia de compras a corto plazo es la creación de hábitos de compra que continuarán después de finalizada la promoción. Los programas de marketing de frecuencia son muy efectivos para atraer a largo plazo la atención del comprador hacia la marca.

Asimismo, una ventaja importante que se encuentra en la mayor parte de los programas de frecuencia es la excelente base de datos que puede obtenerse con ellos. Estructurada en forma adecuada, la base de datos contendrá los hábitos de compra o uso de los consumidores a largo plazo; la información obtenida podría ser una fuente de ingresos por la venta de las listas para correo directo y por la información de hábitos de compra. En muchos casos, también puede proveer de información para ser utilizada en prospecciones para nuevos productos y ofrecer razones de compra tanto a clientes actuales como a compradores potenciales.

Por ejemplo, la línea United Airlines alquiló a la cadena hotelera internacional Hyatt la lista de pasajeros frecuentes que viajaban a Los Ángeles. Hyatt envió a estos viajeros un correo directo para promover sus hoteles en Los Ángeles, ofreciéndoles puntos por cada noche de hospedaje. Estos puntos podían ser redimidos mediante la asignación de suites o habitaciones de categoría superior (*upgrades*). A su vez, Hyatt proporcionó a United Airlines información sobre la duración del hospedaje para que la aerolínea pudiera verificar si el pasajero había regresado por la misma línea. Este intercambio de información entre patrocinadores permite proyectar sus negocios tanto con sus clientes actuales como con los potenciales.

Desventajas de los programas de frecuencia

A continuación señalamos las desventajas de este tipo de promociones:

- Podrían tener una atracción limitada.
- No es fácil contar con el apoyo del comercio por lo extenso del período promocional requerido.
- Existen riesgos de permuta o reventa de premios.
- Podrían ser difíciles de modificar o de ponerles fin.
- Su administración puede ser costosa.
- La competencia los podría copiar e inclusive mejorar.

Los programas de frecuencia podrían tener una atracción limitada si el consumidor percibe que el valor agregado de la promoción no es lo suficientemente alto. Asimismo puede ser difícil obtener el apoyo del comercio por la extensión del período promocional; el interés del comerciante podría ser significativamente menor que el del patrocinador. Sería un grave error aceptar la inclusión del comercio en este tipo de programas sin que hubiera participado previamente en su desarrollo.

Por desgracia, los programas de frecuencia pueden crear significativos riesgos de abuso, permuta o reventa, como ha sucedido con serias consecuencias en los programas de frecuencia de las aerolíneas.

Es fundamental que el patrocinador planee una estrategia de finalización del programa para reducir los problemas con los participantes. En programas de este tipo, las aerolíneas United Airlines y American Airlines modificaron los puntos necesarios para redimir pasajes, lo que les ocasionó problemas legales, y finalmente debieron respetar el cuadro de puntos originario durante varios años.

Es esencial una administración cautelosa para el éxito de los programas de frecuencia. Los costos pueden superar el presupuesto si el programa crece más rápido de lo previsto.

Planificación de un programa de frecuencia

Para ser efectivos, los programas de frecuencia deben resolver los siguientes factores mercadotécnicos:

1. ¿Cuál es la meta a alcanzar con el programa de frecuencia? En casi todos los casos, la meta más importante es incrementar la frecuencia con que el participante compra un producto o servicio. Estos programas buscan establecer la lealtad en el ciclo de compra de

ese producto o servicio. La Asociación de Mercadotecnia Promocional de Estados Unidos (*Promotion Marketing Association of America,* PMAA) en 1991 condujo una encuesta entre sus asociados sobre los resultados en sus programas de continuidad. Este estudio señaló lo siguiente:

- El 86% indicó haber obtenido un incremento de ventas.
- El 59% indicó haber obtenido un incremento de sus exhibiciones en el punto de venta (*displays*).
- El 41% indicó haber incrementado su participación de mercado.

2. ¿Cuándo es apropiada la utilización de programas de frecuencia? Cuando la meta es el incremento de las ventas, la mercadotecnia "frecuente" es una alternativa lógica. El marketing de frecuencia también es utilizado para mantener el nivel de ventas y para que los clientes se abstengan de probar otras marcas con características similares en producto, precio y renombre.

3. Determinar el perfil socioeconómico del consumidor o comprador. Se deberá analizar quién es el comprador y si este puede comprar más y recomprar como resultado del programa de frecuencia. Asimismo se necesitará determinar si el comprador hará lo necesario para participar y cumplir con los requerimientos de la promoción.

4. Financiamiento y presupuesto de un programa de frecuencia. El punto crítico en la cuestión financiera es determinar el monto del presupuesto. En general se utiliza un porcentaje del presupuesto promocional, esto es: una determinada cantidad de ingresos por las ventas de productos o servicios se destinan a desarrollar un programa de marketing de frecuencia.

5. ¿Cómo debe ser estructurado un programa de frecuencia? Se requiere una serie de decisiones básicas

para dimensionar la estructura de un programa de este tipo. Por ejemplo, si el programa busca motivar la venta de un producto de consumo popular, deberá definirse el monto de compra necesario para la acumulación de puntos, entre otros factores. Los productos que entrarán en el programa deben ser especificados en cuanto a marcas y tamaños. Asimismo, si los puntos se acumularán en términos de venta de unidades o por valores. Otra cuestión básica será la determinación de la prueba de compra (ticket de compra, etiqueta, código de barras, etcétera).

6. Definición de las recompensas. Se deberá definir cuál es la mejor manera de recompensar a los participantes del programa, ya sea con mercancía, viajes o efectivo. A veces se les ofrece a los participantes que seleccionen su premio entre varias opciones. La primera alternativa siempre será la de premiar con más productos o servicios, después de haber analizado la consecuencia financiera en el negocio.

7. La base de datos del programa de frecuencia. El beneficio colateral de la promoción es la posibilidad de construir un listado de usuarios actuales que podrá ser utilizado en futuras promociones o controles.

8. Estimación del grado de respuesta. Contar con una previsión de los grados de respuesta y participación es un paso importante para determinar el inventario necesario durante el tiempo que dure la promoción o para poder enfrentar los incrementos de las demandas de producto o servicio.

9. Integración de los programas de frecuencia con publicidad o relaciones públicas. ¿Cómo puede integrarse un programa de frecuencia con publicidad o relaciones públicas?

En muchas ocasiones la publicidad de los programas de frecuencia opaca los mensajes de la campaña de publicidad institucional. La meta es integrar y utilizar los recursos de ambas campañas para alcanzar los objetivos fijados para la marca o para el patrocinador. Varios programas de frecuencia han sido objeto de ataques por no haber sido comunicadas las recompensas con suficiente anticipación y por ello haber creado problemas de relaciones públicas. Por ejemplo: los *upgrades* de las habitaciones de hotel por suites, o de los autos alquilados por uno de mejor categoría, o bien los de las aerolíneas por lugares de primera clase cuando no pueden otorgarse por falta de disponibilidad.

Conclusiones

Del estudio de la PMAA mencionado anteriormente, sobre las experiencias de los asociados en programas de frecuencia, se obtuvieron las siguientes conclusiones:

- El 51% dijo haber realizado programas de frecuencia en el último año.
- La duración promedio de los programas de frecuencia fue de 16 semanas.
- El 100% afirmó que sus programas tuvieron éxito.

Ante estos resultados positivos podría creerse que estos programas seguirán de manera indefinida, ya que generan incrementos en ventas, exhibición y lealtad de marca. Los programas de frecuencia son una manera de atraer la atención del comprador cuando los productos o servicios básicos se le presentan como similares. Además, con las recompensas que recibe, el consumidor puede ser retenido en el uso de una marca y excluido de ser descubierto por la competencia.

CAPÍTULO 15

EL COMPRADOR MISTERIOSO

Marcela Aizpuru

Se conoce con este nombre a la estrategia promocional realizada con personal que asume el rol de un comprador habitual para evaluar y premiar a quienes ofrecen o mencionan las características de un producto o servicio, o con el fin de hacer el seguimiento de políticas de venta y/o de precio en el punto de venta.

Existen dos variantes:

Generación de ventas. Son las dirigidas a lograr una mayor salida del producto e involucran directamente al empleado de mostrador mediante un incentivo.

Esta actividad se realiza preferentemente en farmacias, comercios especializados, pequeños comercios detallistas y tiendas de conveniencia.

Políticas y procesos. Son las que buscan detectar las fortalezas y debilidades del servicio al cliente, para obtener herramientas que permitan alcanzar los máximos niveles de eficiencia y calidad.

Se trata de evaluaciones del personal de ventas realizadas por las empresas para poder detectar, en especial, anomalías y deficiencias en el proceso de venta.

Generación de ventas

El éxito de este tipo de promoción consiste en el cuidado de los detalles de realización, valiéndose para ello de los siguientes elementos:

• Creación de rutas.
• Selección de obsequios.
• Fase de comunicación.
• Visitas de premiación.
• Evaluación de resultados.

Creación de rutas

Si se cuenta con una base de datos confiable, podrá dividirse la localidad en tantas rutas de trabajo como "compradores misteriosos" participen; de no ser así, que es lo más frecuente, se hará un recorrido "peinando" las áreas que interesen durante la fase de comunicación. Es importante eliminar zonas industriales o residenciales que por sus características entorpecen la rapidez y provocan incrementos en los costos del plan.

Selección de obsequios

Es recomendable que los obsequios elegidos sean percibidos como de gran valor, de acuerdo con el nivel socioeconómico del destinatario, para que quienes los reciban queden con una grata sensación por el producto ganado y hacia la empresa organizadora. Ya que es común realizar dos o más visitas de premiación por establecimiento, deberá haber tantas variantes en premios como visitas para no repetirlos en cada una de ellas, también habrá que contar con algún artículo de menor valor para el caso de que no existieran ganadores.

Cuando un establecimiento haya resultado ganador se pueden sortear premios mayores entre todos los empleados de mostrador, como un incentivo adicional. Esto suele resultar muy atractivo sobre todo cuando en un comercio hay varios empleados y no todos tienen la posibilidad de que les toque el comprador misterioso, lo que además los comprometerá a realizar un trabajo en equipo.

Fase de comunicación

Es la etapa en la que se informa al comercio de las bases, características, mecánica, políticas y beneficios de la promoción que se iniciará.

Se puede realizar de dos formas:

- Por medio de la propia fuerza de ventas de la empresa organizadora o por los mayoristas o distribuidores que proveen al comercio.
- Con personal contratado específicamente para esta actividad, lo que asegura que los empleados estén oportuna y debidamente informados, así como motivados para la fase de premiación.

El objetivo es transmitir la información en forma clara y completa a cada uno de los involucrados, con apoyo de material impreso (volantes, folletos, organizador, cartulinas, pins). Estos elementos de apoyo deben contener en forma gráfica y específica las bases para participar y los beneficios a los que podrán ser acreedores quienes participen en la promoción.

Visitas de premiación

Esta fase requiere un cuidadoso control, por lo que es necesario capacitar al personal seleccionado y no considerar elementales algunas situaciones, como no entrar con los documentos o premios en la mano pues, lógicamente, se los identificaría al momento.

La operativa consiste en hacerse pasar por un cliente habitual, quien espera recibir en forma espontánea la recomendación del producto o servicio objeto del plan. De ocurrir esto, inmediatamente el comprador misterioso se identifica como tal y se da a conocer a todos los empleados del establecimiento con el objeto de incrementar el interés y la veracidad del programa (pueden realizarse volantes que contengan una felicitación). Si se decidió incluir el sorteo de un premio importante, este es el momento de realizarlo o de entregar los cupones a todos para su posterior participación.

En caso de no haber recibido la recomendación, se entrega un premio consuelo con el objeto de mantener el interés y motivarlos para que sigan participando.

Es fundamental que no sea el mismo comprador misterioso quien repita la visita al mismo negocio. En algunas ocasiones habrá que reducir la cantidad de rutas por persona, ya que puede suceder que entre los compañeros de zona se comuniquen las señas particulares de la persona que los visitó.

Evaluación de resultados

Para la evaluación de los resultados es importante asegurarse de llevar varios controles de medición.

- Registros con el nombre del establecimiento, dirección completa, código postal, teléfono y responsable.
- Informe de visitas diarias.
- Recibos de premios entregados.
- Conciliación de visitas realizadas y premios entregados.
- Visitas y llamadas al azar como supervisión.

El correcto control y su actualización diaria son la clave para obtener informes de resultados que permitan analizar la efectividad y los alcances del proyecto. Para una mejor evaluación, es importante que durante la etapa informativa se levante un censo de distribución, desplazamiento y exhibición para que, al compararlos más tarde, nos muestre la eficacia lograda.

Políticas y procesos

La otra variante de comprador misterioso, como se comentó en un principio, busca mejorar el servicio y la calidad que se ofrece al cliente en el punto de venta, por lo que puede utilizarse tanto como herramienta para mejorar la capacitación o también como un plan de incentivos.

Es una práctica comúnmente utilizada por las empresas de tecnología, automotrices y prestadoras de servicios, así como por supermercados, tiendas de departamentos, restaurantes y bares.

Cada empresa, según su giro y especialidad, deberá definir cuáles son los puntos a evaluar, cómo desarrollarlos y qué valor representan para realizar una ponderación adecuada que refleje las fortalezas y debilidades en el proceso de venta o de atención al público.

Puntos de evaluación en general:

* Atención.
* Presentación.
* Conocimiento del producto.
* Habilidades.
* Capacidad de cierre.

La mecánica en el punto de venta es la misma, pero no siempre pueden identificarse en ese momento; en estos casos suele realizarse una presentación general en las sesiones de capacitación y luego, en forma particular con cada persona, se trabajarán específicamente sus áreas de oportunidad.

Una forma de hacerlo es mediante la grabación de las entrevistas y su posterior transcripción, lo que permite un análisis detallado y confiable de la entrevista.

La confección de los informes debe incluir datos históricos de cada persona para poder compararlos.

El comprador misterioso es una promoción sencilla de realizar, que muestra rápidamente sus beneficios y eficacia; sin embargo, es recomendable tener cierta perseverancia para mantener los hábitos de quienes recomiendan los productos y prestan sus servicios en el punto de venta.

CAPÍTULO 16

RELACIONES CLIENTE-AGENCIA

José Luis Chong

En México sólo las empresas que cuentan con presupuestos significativos y con orientación promocional tienen un ejecutivo o todo un departamento responsabilizado de coordinar la planeación y ejecución de esta actividad. En caso contrario, no es excepcional que sea el gerente general, el de ventas o el de marca quien directamente se encargue de contactar al proveedor de promociones.

Ahora bien, en aquellas compañías que sí tienen un área de promociones, dependerá de su estructura organizativa si esta función es asumida por el departamento de mercadotecnia o por el de ventas. Se puede dar el caso de que cada una de estas áreas tenga un responsable, asignándole al primero la actividad dirigida al consumidor final y al segundo la que se instrumente a través del comercio.

La descripción de responsabilidades del departamento de promociones variará según el tamaño de la empresa, desde sólo pedir cotizaciones para los planes promocionales a los proveedores, hasta supervisarlos en el campo, evaluarlos y llevar controles administrativos de presupuestos. La responsabilidad general del gerente de promociones será, en lo interno, servir de enlace entre los departamentos de mercadotecnia y ventas, y de estos con los proveedores externos de servicios y materiales. Otras funciones pueden ser: contribuir al diseño de estrategias promocionales, desarrollar materiales de exhibición y coordinar eventos especiales.

En lo que respecta a las agencias de promociones, en México existe un amplio y variado grupo. A la fecha no está disponible un registro de ellas, aunque puede decirse que las más representativas se encuentran afiliadas, desde 1992, a la Asociación Mexicana de Agencias de Promociones (AMAPRO). Entre sus clientes, AMAPRO tiene actualmente a los 150 principales fabricantes o prestadores de servicios del país y una planta de hasta 40.000 trabajadores que cubren todo el territorio nacional.

Al igual que en otras áreas de la mercadotecnia, como la investigación de mercados o el diseño de embalajes, entre otros, el surgimiento de proveedores de servicios promocionales en México se debió a la necesidad de contar con especialistas en recursos humanos y técnicos apropiados. Muchas de las empresas precursoras, llamadas "casas de promociones", iniciaron sus operaciones hacia la segunda mitad del siglo XX, apoyando el conocimiento y uso de los jabones en polvo, como FAB de Colgate-Palmolive y TIDE de Procter & Gamble. A esta primera generación le tocó probar la efectividad de las distribuciones de muestras casa por casa para modificar los hábitos de la población, poner en marcha al comprador misterioso, impulsar la presencia de la marca en el hogar y hacer uso de los "*blitz* de distribución" para asegurar la disponibilidad del producto en los comercios tradicionales. Estas primeras casas de promociones, surgidas de los equipos de ventas y promociones de los propios fabricantes, optaron por dejar el lado del cliente y pasarse al de los proveedores.

Correspondió a la segunda generación de estos prestadores de servicios adoptar la denominación de "agencias de promociones", y ellas, además de participar de las actividades señaladas, capitalizaron la oportunidad de negocio derivada del desarrollo de los supermercados al proporcionar promotores anaqueleros, demostradoras para impulso a la venta y eventos especiales, requeridos por los fabricantes para ganar el favor de los consumidores en el momento de realizar su compra. Otro factor que reforzó la necesidad de contar con especialistas en promociones fue la reglamentación dictada por la Secretaría de Comercio, Gobernación y Hacienda sobre la actividad promocional, tema que se abordará en otro capítulo. Esta segunda generación de promotores provenía de los departamentos de mercadotecnia de los fabricantes; su estructura operativa se estableció siguiendo el modelo de las agencias de publicidad y crearon el área de servicio al cliente.

Sin duda, la aparición de nuevas técnicas promocionales apoyadas en medios electrónicos de comunicación y operación, así como la impostergable globalización, están demandando de los prestadores de estos servicios inversiones y actualización constante. De igual modo, se requiere un desempeño con elevadas normas de profesionalismo, calidad y servicio, elementos que los fabricantes y prestadores de servicios deberán considerar al seleccionar a su agencia de promociones.

Veamos ahora cómo está organizada una agencia de promociones, en qué debería contribuir dentro del proceso general de la mercadotecnia, cuáles son sus honorarios y, por último, cómo seleccionar a un prestador de servicios promocionales.

La organización de una agencia de promociones

En la estructura típica de una agencia de promociones se considera importante contar con la flexibilidad necesaria para crear en el área operativa tantas unidades de trabajo como la cantidad de programas en ejecución lo demande. Sin embargo, no todas las agencias podrán tener los recursos humanos, técnicos y económicos necesarios para los puestos de línea y de servicio que le demanda el crecimiento.

De acuerdo con su facturación, el organigrama para el área operativa de una agencia de promociones incluye los siguientes puestos:

Agencia chica	Agencia grande
Gerente	Director o gerente Supervisor de grupo o coordinador de grupo
Jefe de plan	Ejecutivo de cuenta o coordinador de plan o jefe de plan
Supervisor de campo	Supervisor de campo o coordinador
Personal de campo	Personal de campo

Como puede observarse, en las agencias grandes existe un nivel adicional de supervisión y control en el área de servicio al cliente; los cargos de supervisor o coordinador de grupo, a quienes el director o gerente delega la ejecución de los planes en los términos previamente convenidos, el contacto con los clientes y, como su nombre lo indica, la coordinación del trabajo de un grupo de ejecutivos de cuenta.

En cuanto al área administrativa, el número de empleados y departamentos dependerá también de la facturación de la agencia. Los niveles de puestos son los siguientes:

Agencia chica	Agencia grande
Gerente	Director o gerente
Contador	Gerente administrativo
	Contador general
	Contador IMSS
	Jefe de nóminas
	Auditor interno
	Auxiliares

La estructura administrativa podrá cambiar de acuerdo con las necesidades particulares de cada agencia. Sin embargo, el área de administración de personal cobrará gran importancia debido a la necesidad de cumplir con las reglamentaciones establecidas por la legislación laboral; estas normas demandan controles detallados de los movimientos del personal, el pago oportuno de sus remuneraciones, la declaración y pago de los impuestos causados y el archivo general de los comprobantes respectivos.

Si bien la administración del personal es importante, la instrumentación de la actividad promocional no lo es menos. La agencia deberá contar con probados sistemas de reclutamiento, selección, capacitación, contratación y control de los recursos humanos, para permitir que realicen eficazmente el trabajo que les es encomendado. De igual forma, el área de servicio al cliente deberá ser experimentada y con capacidad para coordinar la comunicación entre el fabricante que contrata sus servicios y su personal, en todos los niveles y en ambos sentidos.

Por último, ¿qué decir de la importancia del primer nivel ejecutivo? Este, a través de innumerables concursos y presentaciones especulativas, logra traer el trabajo a la agencia y con su creatividad para interpretar las estrategias promocionales y el cuidado de los costos, compite y gana los contratos sin comprometer la estabilidad económica y legal de su empresa.

Contribución de la agencia de promociones

Especialización y experiencia

Una agencia de promociones cuenta, en primer término, con su especialización en un área de los servicios de mercadotecnia. Tiene experiencia en la conducción de distintas actividades promocionales para diversos productos y servicios, en cualquier ciudad del país.

Conocimiento del campo

Está familiarizada con todos los canales de distribución de las mercancías y, en muchos casos, conoce a los principales comerciantes en cada ciudad. Por ende, tiene experiencia en la logística necesaria para cada mecánica y en los detalles que se deberán cuidar para tener los mejores resultados.

Contactos legales

Conoce los aspectos legales que condicionan las promociones con determinación de ganadores por azar y el pago de los impuestos que corresponden a cada dependencia oficial. Domina las actividades para las cuales es necesario obtener un permiso escrito o verbal de distintos niveles de las autoridades. En muchos casos, puede hacer los trámites legales por cuenta del fabricante.

Creación y recomendación

Su exposición relacionada con los tres aspectos anteriores le permite recomendar alternativas creativas para solucionar problemas específicos, interpretar estrategias promocionales y guardar congruencia con el resto de las actividades contempladas en el plan de mercadotecnia.

Habilidad en la planificación

Debe conocer los tiempos reales que demanda cada actividad involucrada en el proceso de planificación y producción de un plan promocional. En consecuencia, será de gran ayuda en la elaboración de cronogramas de instrumentación o rutas críticas para poder llegar todos juntos y puntualmente a las metas fijadas.

Información de costos

Tiene los precios actualizados de los insumos que aporta directamente, y cuenta con una cartera de proveedores para subcontratar y coordinar todo aquello que haga falta. Aporta cotizaciones competitivas para hacer realidad cualquier idea promocional.

Recursos propios

Cuenta con los recursos humanos y técnicos especializados para ejecutar los planes promocionales que le son aprobados, en cualquier lugar del país y en tiempos relativamente cortos. Mantiene informado al fabricante en todo momento sobre el avance del proyecto hasta su conclusión y evaluación final, evitándole todos los problemas derivados de la contratación directa del personal involucrado.

¿Cuáles son los honorarios?

La regla más aceptada es que una agencia de promociones puede solicitar la retribución por sus servicios mediante cualquiera de las tres alternativas siguientes.

Servicios de agencia

Generalmente establecido entre el 15 y el 20% sobre los costos de personal e impuestos patronales correspondientes. A la cantidad resultante se le deberá agregar el impuesto al valor agregado (IVA). Tratándose de materiales y equipos, se añade del 10 al 15%. La forma de pago será, en el caso del personal, de acuerdo con los períodos de trabajo, es decir, semanal o quincenalmente, y en el caso de materiales y equipos el pago se efectuará según la negociación realizada con los proveedores.

Iguala

Este importe es determinado según la cantidad de horas de trabajo calculadas para todo el proyecto, por cada una de las personas involucradas, más los gastos de administración y las utilidades para la agencia. Esta suma se divide proporcionalmente por quincena o mes, durante todo el período promocional.

Otros

Los proveedores que ofrecen diferentes tipos de actividades promocionales, como licencias de personajes, cupones, muestreos de grupo, eventos deportivos o musicales, etc., tienen formas diversas de cobrar sus servicios, tanto en la base de cotización, como en el monto y la frecuencia de los pagos parciales.

¿Cómo seleccionar una agencia de promociones?

Hacer una prospección

Puede solicitarse un registro de agencias a una asociación especializada, consultar a la agencia de publicidad o a los colegas de otras empresas, con el fin de elaborar una lista de candidatos.

Solicitar una presentación de agencia

Se requerirá de aquellas de las que se obtengan buenas referencias comerciales, para conocer sus años de experiencia, clientes actuales y principales ejecutivos de servicio.

Verificar las referencias

Comunicarse con sus principales clientes para confirmar la calidad del servicio y los resultados de los proyectos asignados. De ser posible, visitar las instalaciones de la agencia y conversar con algunos de sus empleados.

Propuesta especulativa

Someter a concurso a las agencias con mejores referencias, siempre y cuando no exista conflicto de intereses al trabajar con productos de la competencia y cuenten con facilidades de equipos e instalaciones. Habrá que proporcionarle un resumen (*brief*) con los antecedentes de mercado, producto y estrategia comercial para que desarrollen y presenten el plan promocional y el presupuesto correspondiente.

Selección final y firma de contrato

Debe considerarse a la agencia ganadora de todo el proceso más como un socio del negocio que como proveedor, por lo que se debe firmar con ella un contrato de prestación de servicios, con exclusividad en la categoría de productos y compromiso de manejo confidencial de la información que le será proporcionada. Cubierta esta formalidad, involucrarla con un programa de visitas a la planta y a comercios de distintos tipos para que se familiarice con la operación y, desde luego, reservarle un lugar en las sucesivas sesiones de planeación y presentaciones de producto.

La agencia de promociones es una extensión natural del departamento de mercadotecnia y un aliado del área de ventas en sus distintos niveles, desde el director hasta el representante de zona; además, sus servicios no tendrán costo mientras no se inicien los trabajos que le fueron asignados.

Para su óptimo desempeño, es recomendable evaluar la calidad de sus servicios una vez al año, establecer un calendario de mejoras en las áreas débiles y expresar a las otras el reconocimiento de sus méritos por las contribuciones significativas; de esta forma, la agencia de promociones y todo su personal serán colaboradores leales y entusiastas, al sentirse "parte del equipo".

CAPÍTULO 17

PROMOCIÓN DE VENTAS Y PUBLICIDAD

Ángel Pedrote

Como hemos visto en los capítulos precedentes, la promoción de ventas es una herramienta que nos brinda la mercadotecnia para generar una reacción en favor de una marca y que pueda resultar en un acto de compra concreto. Pero quizás este carácter tan ejecutivo y de contacto directo sea, la mayoría de las veces, el secreto de su éxito, y, como una enorme contradicción, también su talón de Aquiles. En efecto, en diferentes escenarios, la promoción no podría concretar su cometido de no ser por la extraordinaria sinergia que provoca al ser combinada en la proporción adecuada con la publicidad.

Publicidad

Consiste básicamente en un mecanismo de comunicación pagado, cuyo objetivo es atraer la atención hacia una marca relacionada con un cierto producto o servicio y conseguir con esto ubicarlo en una determinada posición en el mercado.

La publicidad basa su acercamiento al consumidor en un conocimiento profundo de este, y para ello toma como referencia información que lo describe, como su sexo, edad, lugar de residencia y nivel socioeconómico. La publicidad moderna considera incluso formas más precisas de influir en las decisiones de compra del consumidor, enmarcando su perfil emotivo y conceptual de acuerdo con sus afinidades. La actividad publicitaria se encuentra dentro de los procesos de comunicación, y se la define como "el ingenio de transmitir ideas y posiciones de una persona a otra". Para los fines propios de la publicidad, uno de los conceptos que más se adapta es el de J. Beneyto, quien en su libro *Mass Communications* la define como: "El proceso mediante el cual el emisor transmite estímulos que tienden a modificar el comportamiento del receptor".

Para el buen desarrollo de la campaña publicitaria, deben tenerse en cuenta tres factores importantes: el producto, el emisor y el receptor; conjugados estos, habrá de planearse toda una estrategia que cubra las expectativas del anunciante. La campaña publicitaria puede tener como finalidad simplemente dar a conocer en forma masiva el lanzamiento de un producto o puede ser diseñada específicamente para dotar de mayor fuerza a una campaña promocional.

Antiguamente, la actividad publicitaria tenía especial vocación por el producto y, luego, la marca; hoy en día se considera que lo más importante es el consumidor, y por lo tanto todos los esfuerzos de comunicación estarán enfocados a crear un vínculo entre la marca y el consumidor, demostrando a este, mediante los mensajes publicitarios, que la marca es la opción adecuada en relación con sus gustos, necesidades y forma de vida.

Modelos de comunicación

Las ideas y conceptos que hemos presentado se adaptan a cualquier tipo de comunicación: intrapersonal, interpersonal, grupal, cultural, social, etcétera. En este amplio campo de las comunicaciones, nos interesa uno muy específico que denominaremos comunicación de masas o comunicación masiva: la dirigida al público, a un número de seres humanos amplio, heterogéneo y anónimo.

Dentro del ámbito de la comunicación de masas, se reconocen dos formas:

1. La comunicación social, que reúne actividades varias, como la educación, divulgación, propaganda, etc., relacionadas, sobre todo, con la transmisión de conceptos ideológicos y la búsqueda de una reacción del receptor en el entorno de su vida social.
2. La comunicación comercial, cuyo objetivo es producir una reacción del individuo en el campo de sus actuaciones como consumidor o usuario.

Debido a estas funciones esenciales, se impone el uso de la palabra comunicación para indicar el conjunto de ambas actividades, en contraposición a promoción (que sigue el uso estadounidense, o impulsión [que se utiliza en España]). Como se observa, el trabajo de la comunicación pertenece a la actividad general de la mercadotecnia, y su objetivo será el mismo: las ventas.

La publicidad, promoción, relaciones públicas, merchandising o mercadeo, etc., son partes primordiales de un esfuerzo único y común. Otra de las partes relevantes de la actividad publicitaria es, precisamente, la relación cliente-agencia.

El éxito de una campaña o de un anuncio depende en general de esta relación, que debe contemplar una serie de aspectos para el correcto desarrollo y realización de las campañas, a saber:

- Mantener el nivel de respeto mutuo, en el que ambas partes aportan al desarrollo de la campaña propuestas dentro de un marco de ética acorde con cada tipo de producto.

• Estimular, inspirar y alentar el talento creativo de la agencia para que produzca publicidad de calidad.
• Trabajar conjuntamente ambos, cliente y agencia, en la elaboración de los presupuestos de medios y su destino.
• Fortalecer la contribución de la agencia a la solución de problemas en otras áreas de la mercadotecnia de la empresa.
• Compartir el éxito y provocar aprendizajes conjuntos de cada campaña realizada.

El desarrollo adecuado de una campaña publicitaria está basado en que los responsables de su creación aporten la mayor cantidad de información relativa al producto o servicio que se va a publicitar, y para ello se debe elaborar un documento conocido como *brief* o resumen. Un *brief* bien elaborado constituye el primer paso para la realización de una campaña publicitaria con éxito, ya que con él los responsables de su creación y la definición de una estrategia eficiente y bien planeada podrán desarrollar mejor su trabajo. Un buen *brief* permite no sólo poder comunicarnos de manera más clara con nuestro público objetivo, sino incluso reducir costos en el momento de decidir el tipo de medios a utilizar y la inversión necesaria. Por todo ello, cobra relevancia tener en cuenta los puntos básicos para la elaboración de este documento, que se plantean a manera de pregunta:

1. ¿Cuál es el propósito de la campaña?
2. ¿Qué antecedentes tiene la marca? Bases del proyecto, historias de éxito, uso y consumo, mejoras, etcétera.
3. ¿Qué estudios de mercado e información seria tenemos disponibles? Participación de mercado, sesiones de grupo, etcétera.

4. ¿Cuáles son las actividades de comunicación previas? ¿Qué resultado han tenido?
5. ¿Qué objetivos se persiguen con la campaña?
6. ¿Cuál es el público objetivo al que va dirigida la campaña? Análisis socioeconómico, emotivo y conceptual.
7. ¿Existe algún público objetivo específico? Líderes de opinión, especialistas, técnicos, etcétera.
8. ¿Cuál es el *Call to Action*? Qué reacción queremos generar en el consumidor.
9. ¿Qué tono deseamos que tenga el mensaje? Amable, irreverente, corporativo, etcétera.
10. ¿Qué tipo de medios piensa utilizar en su estrategia? Cuáles ya han sido utilizados, cuáles considera básicos, apertura a medios alternativos como Internet, celulares, etcétera.
11. ¿Cuál es la cobertura y alcance de la campaña? Nacional, regional, local, etcétera.
12. ¿Cuáles son los "mandatos" de la campaña? Todo aquello que debe respetarse, como textos legales, imagen de la marca, etcétera.
13. ¿Qué inversión se tiene disponible para el proyecto, incluidos desarrollo, producción, medios, etcétera?
14. ¿Con qué recursos ya producidos se cuenta? Producto, fotografías, imágenes previas, sonidos, etcétera.
15. Cronograma del proyecto completo.

Planificación de una campaña

Cuando vemos un anuncio nuevo en cualquier medio, el mensaje que se envía a través de él parece espontáneo y muy natural. La verdad es que detrás de la campaña existe una preparación muy difícil, en gran parte compuesta por una profunda investigación con la finalidad de resolver los objetivos y la estrategia de mercadotecnia del anunciante. Entendemos por "mercadotecnia" la actividad que produce beneficios mediante la administración de recursos y actividades que analizarán, determinarán y darán satisfacción a los deseos y necesidades del consumidor.

En la etapa principal de comunicación, tendremos que establecer qué desea transmitir el anunciante, dónde, cuándo y cuál es su público objetivo, además del punto más importante, que es: cuánto presupuesto hay disponible para llevar a cabo todo lo anterior.

Mercadotecnia

Todo plan de mercadotecnia y publicidad –aunque no concluya en campaña– deberá atravesar por la fase de investigación, porque si el anunciante desconoce el número de clientes que tiene y lo que ellos opinan de su competencia es poco probable que pueda poner en juego técnicas de mercadotecnia y publicidad eficaces.

La mayor parte de las empresas de mercadotecnia apoyan con regularidad los datos específicos de ventas mediante encuestas encaminadas a indagar la forma en que los clientes aceptan sus productos, la periodicidad con que los utilizan, la cantidad que adquieren, si consumen otro producto que es competencia y, en su caso, por qué prefieren una marca a otra.

Los tipos de investigación varían de unas empresas a otras; en general son dos las categorías que se utilizan: cuantitativa, para determinar cuántas personas y de qué clase adquieren o desean comprar un artículo; y cualitativa, para indagar por qué la gente compra o desea comprar un artículo en especial, qué espera de él y, sobre todo, lo que no le gusta y qué lo motiva a no comprarlo.

Un gran número de empresas continuamente realizan investigaciones cuantitativas, ya que las cifras de ventas constituyen el indicador de funcionamiento. Es en verdad importante el resultado que arroja este tipo de investigaciones, pues no es suficiente saber cuánto se vende y cuáles funcionan mejor, sino que también es necesario saber la posición del competidor y del mercado en general, así como las ventas en diferentes zonas.

Actualmente las formas de encuesta se han diversificado y existen muchas empresas de investigación de mercados que día a día actualizan sus métodos para que estos obtengan los mejores resultados. La agencia y el cliente analizan toda la información que obtienen de la empresa de investigación, en términos de tendencias del mercado, nivel de competencia y otros factores que afectan a las ventas del producto o servicio, y que deberán tomarse en cuenta antes de la preparación de la campaña publicitaria.

Metas de la campaña

Los objetivos de la publicidad se diferencian de los de la mercadotecnia, en especial porque se concentran en la función que deberá desarrollar la publicidad, al margen de los resultados de mercado que trate de alcanzar la empresa.

Lo que se instituirá en la estrategia publicitaria será cómo se llegará a esos objetivos no sólo en términos de medios, sino también de creatividad.

Con frecuencia, los objetivos de la mercadotecnia no coinciden con los publicitarios por la imposibilidad de demostrar si la publicidad fue la causa del incremento en las ventas del producto o servicio, si se tiene en cuenta que muchos otros factores también pudieran influir, como los beneficios, virtudes, precio, etcétera.

Estrategias de la campaña

Cuando el anunciante ya conoce el sector del mercado en el que se ubica su producto o servicio, ha definido los objetivos de mercadotecnia –aumentar las ventas–, sabe qué publicidad empleará como parte integral de la estrategia de mercadotecnia y ha determinado en forma conveniente cuál será su mercado objetivo, es el momento de precisar su estrategia creativa para lograr su propósito, y la agencia que manejará todo el proceso está comprometida y segura en la planificación. En algunos casos, los objetivos y la estrategia publicitaria podrán definirse de manera simultánea.

A la presentación de un producto o servicio al público se le ha dado diferentes nombres (imagen de marca, posición o promesa), pero todos conllevan el mismo objetivo: la selección de un componente de ellos a resaltar. Por lo anterior, cada anuncio deberá proponer al consumidor un beneficio único que no ofrezca ningún competidor, y no es que importe que este sea exclusivo, sino que de alguna manera las otras marcas ya lo hayan utilizado en su publicidad.

En esta etapa, entran de nuevo los estudios de investigación para saber cómo distinguen las personas el producto o servicio en comparación con los de otras marcas de la competencia y, al mismo tiempo, poner a prueba las respuestas a las diferentes estrategias creativas. Después de esto, se decide la que mejor convenga y se presenta en forma de *brief* (conjunto de información final en publicidad que la mercadotecnia y la investigación arrojan sobre el producto o servicio y el mercado) al departamento creativo de la agencia, el que, a partir de este, deberá producir la campaña.

Presupuesto

Es la cantidad de dinero destinada para "lograr el más alto rendimiento de la inversión asignada". Cabe señalar que lograr el mejor rendimiento no es precisamente ahorrar o recortar el presupuesto, o seleccionar los medios más económicos; hay que tener siempre en mente que la publicidad no es un gasto, sino una inversión necesaria.

La mala inversión publicitaria no sólo representa una pérdida económica neta, sino que conduce a consecuencias negativas aún más importantes para el futuro, como la pérdida de una oportunidad de mercado o una desviación del mensaje y de la imagen del producto o servicio capaz de producir daños irreparables en la posición de estos.

Es la empresa (anunciante) la que decide el presupuesto publicitario y puede hacerlo de muchas formas. Algunas parten de las cifras de ventas y le atribuyen a este concepto un porcentaje preestablecido de los ingresos del último ejercicio o de los estimados para el próximo. No existe un porcentaje aceptado universalmente; así, la relación publicidad-ventas tiene enormes variaciones.

Otro elemento que se aconseja tener presente son los gastos que la competencia dedica a ese capítulo. La contribución al mercado publicitario de una firma deberá ser más o menos igual a la cuota del mercado de ventas. En el caso del lanzamiento de nuevos productos, se requerirán mayores valores, si se pretende asegurarlos en un corto plazo.

El factor decisivo estará en los gastos que la compañía pueda permitirse. También hay que tener en cuenta el aumento en las tarifas de los medios y el pronóstico de inflación; en este caso, el anunciante tendrá que elegir entre elevar los presupuestos o reducir el tiempo de difusión (si es en televisión, por ejemplo, que es el medio más caro) en cualquiera de los medios que se hubiera elegido.

En muchas ocasiones, el presupuesto se determina directamente al principio de la planificación, junto con los objetivos y la estrategia de mercadotecnia, pero puede suceder que esta última no se decida antes de haber establecido los objetivos publicitarios.

El comercial o anuncio

La fase siguiente de la campaña es en realidad la más sobresaliente, pues deberá estar directamente relacionada con el producto.

En la campaña general de publicidad se invierte una cantidad considerable de trabajo. Después de los pasos anteriores y de haberse dado las instrucciones o *briefing* al departamento creativo, esta es la parte más interesante. El trabajo de los creativos es consecuencia de semanas de reflexiones hasta que aparece la inspiración. No se trata de ninguna manera de sólo concebir un texto breve: es necesario imaginar la idea del anuncio.

Existe un sinfín de maneras y técnicas para desarrollar un anuncio; muchos famosos publicistas han desarrollado herramientas que facilitan el éxito para "fabricar" anuncios, como es el caso de David Ogilvy, que en su obra clásica *Confesiones de un publicista* sentó docenas de reglas, muchas de las cuales han sido impugnadas en varias ocasiones. Lo importante es no olvidar que, a pesar de la experiencia, no habrá nada que reemplace a las ideas originales.

En un anuncio, por ejemplo, puede usarse el humor como elemento publicitario, ya que suaviza el impacto y crea en el público una actitud relajada y receptiva; o el escándalo y el miedo, que son dos estados de ánimo frente a los que el negocio publicitario tiene respeto por su innegable poder de influencia.

Jugar con las emociones mediante la combinación de imágenes es una de las técnicas más elementales utilizadas por los publicistas. Otro de los elementos importantes a emplear en un anuncio son las demostraciones referentes al uso y a las alternativas de consumo de un producto. Para ellas, los creativos mantienen como regla que en las presentaciones deberán exponerse las características del propio producto o servicio; también podrán utilizarse la influencia de personajes famosos, la comparación, que hoy en día tiene mucho auge, y cualquier idea, por descabellada que sea, que demuestre las virtudes y los beneficios del producto o servicio, pudiendo usarse medios tan diversos como televisión, radio, prensa, revistas, espectáculos, Internet, telefonía celular, medios en los comercios, etcétera.

Los errores más comunes en el área de la creatividad publicitaria
(Tomado de *The 27 Most Common Mistakes in Advertising*, Alec Benn, 1981)

- Esperar demasiado de la creatividad en el texto y en el arte.
- Imitar en vez de analizar y ser creativo.
- Tratar de captar la atención mediante variaciones en la forma en vez del contenido.
- Jugar demasiado con el tipo de letra en los medios impresos.
- Un logotipo de marca o empresa de tamaño o proporción incorrectos.
- No concentrar el anuncio en el lector, el televidente o el oyente.
- Burlarse del cliente.
- Usar juegos de palabras en el titular.
- Divertir en vez de vender.
- No suscitar la emoción apropiada.
- No aprovechar las ventajas específicas del medio de comunicación.
- No aprovechar la calidad intrínseca del producto.
- Promover las ventas de la competencia.
- Concederle más importancia al gusto del presidente de la empresa que a la creación de anuncios eficaces.
- Creer que la publicidad es más poderosa de lo que es.

Medios

En términos de negocios, la planificación y contratación de medios es la parte más relevante de la campaña, porque es ahí donde se emplea la porción más significativa del presupuesto para publicidad.

Con una planificación y negociación bien llevadas en las operaciones de compras de medios pueden lograrse ahorros considerables. El trabajo del ejecutivo de medios es determinar la distribución del presupuesto para llegar al mercado requerido con mayor eficacia y menos inversión.

Tendrá que decidir qué medio es el más conveniente, y en esta decisión intervienen también el cliente, el ejecutivo de cuenta y el propio creativo. El ejecutivo de medios tendrá que organizar qué parte se destina a cada uno de ellos. Aquí también las decisiones dependerán de los resultados de mercado.

Los tres puntos importantes para un plan de medios óptimo son: cobertura, frecuencia y costo por millar.

Cobertura es el porcentaje del público que ve o escucha la campaña por lo menos una vez; frecuencia es la cantidad de veces que cada persona ve o escucha el mensaje y costo por millar es lo que cuesta llegar a mil personas del público objetivo o, en televisión, a mil hogares.

Rendimiento de la inversión y resultados

Si se desea llegar a una clase socioeconómica determinada o a una cantidad de consumidores o usuarios, es importante considerar que en todos los casos se requiere una exposición del público objetivo a un cierto número de anuncios y durante un período acorde. Por ello, la inversión podrá hacerse más eficiente, pero no evitarse.

Un mensaje bien elaborado logra, también según su estrategia, "comunicar ideas que inciten en el receptor una motivación de compra".

Como ya vimos, son muchos los elementos que influyen en la actividad publicitaria; desde la idea para desarrollar el mensaje, hasta el medio preciso y exacto que lo hará establecerse en el lugar deseado.

Publicidad + promoción

Si está bien claro que ambas disciplinas tienen objetivos comunes y caminos complementarios, es mucho más fácil entender que ambas trabajan para las marcas con el objetivo final de generar ventas.

Existen cinco consideraciones básicas que a manera de conclusión pueden ayudar a orientar la forma en que se desarrolla una campaña que necesite tanto publicidad como promoción:

1. La cantidad de publicidad que requiere una campaña promocional es directamente proporcional a la extensión territorial, población y variedad de perfiles a que vaya dirigida. Cuanto más amplia sea la cobertura, mayor necesidad de inversión publicitaria.

2. La publicidad para promociones debe enfocar su mensaje en la mecánica de la promoción; o sea, cuál es la manera de participar en la promoción, qué beneficios tiene para el consumidor, etcétera.

3. Es muy importante mantener uniformidad entre la campaña publicitaria y la ejecución de la promoción, lo que facilita al consumidor identificar la marca en todos los contextos y, a la larga, produce ahorros al permitir un mensaje único.

4. Ambas disciplinas requieren especialistas para su correcta planificación y realización, lo que garantiza eficiencia en el uso de recursos y mejores resultados desde ambas perspectivas.
5. En ningún caso la publicidad o la promoción pueden sustituirse entre sí en su esencia.

CAPÍTULO 18

PROMOCIONES BTL

Louise Lucía Gómez Baranda

> *"Las áreas* BTL *son aquellos servicios en los cuales las agencias de publicidad tradicionales no cuentan con la experiencia profesional para abordar las comunicaciones mercadológicas necesarias que la publicidad al consumidor de productos o servicios requiere."*
> Mac Cato, Nueva York, 1979.

Las técnicas promocionales "debajo de la línea" (llamadas BTL por sus siglas en inglés) son cada día más requeridas y con tendencias de inversión crecientes, lo que demuestra el gran interés de los fabricantes y prestadores de servicios por ellas. Han facilitado el establecimiento de parámetros idóneos para la elaboración de campañas, las cuales día a día van creando estrechas relaciones con el consumidor. Son útiles para conocer sus necesidades, gustos, preferencias, léxico, hábitos, tradiciones, motivaciones de compra y decisiones, sus razonamientos para las compras impulsivas, así como las características de las marcas y servicios que utiliza. Todo esto da como resultado final que la comunicación, ya sea masiva o segmentada, sea elaborada con mensajes cada vez más efectivos y dirigidos a satisfacer las necesidades del consumidor objetivo.

Por lo tanto, la comunicación BTL complementa las campañas de publicidad tradicionales, las "arriba de la línea" (ATL, por sus siglas en inglés). Así, ATL y BTL constituyen una combinación perfecta, como puede apreciarse a continuación:

ATL	Televisión	Ratings
	Radio	Interacciones con marca
	Revistas	Frecuencia
	Espectaculares	Alcance
	Prensa	Apoyo a la marca
BTL	Marketing promocional	Apoyo al punto de venta
	Marketing de base de datos	Retorno de inversión
	Comunicación digital (e-mail)	Costo por impacto
	Correo directo	Matrices reales
	Servicios interactivos	Impactos cuantificables
	Marketing de afinidades	Nuevos consumidores
	Marketing de eventos	Rentabilidad por impacto
	Relaciones públicas	Crear imagen y prestigio
	CRM (relaciones con el cliente)	Acercarse al cliente
	Merchandising	Materiales promocionales
	Comunicación empresarial	Marketing interno

Los servicios de marketing ATL y BTL representan dos puntos de vista diferentes en cuanto a la recordación de marca (*brand awareness*) y la estrategia del consumidor objetivo (*customer targeting strategy*). ATL es sinónimo de marketing masivo y de grandes campañas de publicidad, mientras que BTL está basado en información muy medible y enfocada en los patrones de compra del consumidor y los programas de retención.

Las herramientas consideradas ATL son de gran valor, tales como anuncios en televisión o radio, impresos en diarios o revistas, o espectaculares en la vía pública. Por lo general, estas van conectadas con campañas de mercadotecnia masivas y son de gran importancia para impulsar la marca, generar millones de impactos y mayor alcance de audiencia. Sin embargo, los presupuestos de mercadotecnia se han ido desviando hacia las áreas BTL debido a la necesidad de los fabricantes y prestadores de servicios de incrementar la eficiencia de su inversión, que llegue a sus consumidores sin desperdicio, mediante segmentaciones y preferencias, con resultados cuantificables en términos de retorno de inversión (ROI). Los servicios de marketing ATL tienden a ser muy difíciles de medir, en comparación con los de BTL.

Las herramientas BTL son programas basados en el consumidor objetivo como centro, el que ahora se muestra más exigente, sabe más sobre aquello que se le comunica y tiende a dar más respuestas a las ofertas basadas en su propio interés personal. Por medio del marketing realizado a través del análisis de bases de datos, los programas de BTL están diseñados con el propósito de determinar el perfil específico del consumidor para, posteriormente, utilizar esa información en el diseño de campañas de gran enfoque y altamente medibles. Los servicios BTL tienen como valor básico el hacer un perfecto seguimiento del dinero, además de dar cuenta de cada peso gastado. Los mercadólogos tienen acceso a un sistema electrónico que monitorea toda inversión BTL, y así obtienen un desglose detallado de los avances durante la campaña y sus resultados finales.

Objetivos

- Los objetivos de la disciplina BTL son conocer la realidad del consumidor objetivo y responder a su creciente necesidad de tener y mantener el contacto personalizando, y una vía de comunicación con las empresas que les venden los productos o que les prestan los servicios.

- Al desarrollar sus productos o servicios, las empresas con más éxito también se ocupan de crear un sentido de "copropiedad" con los consumidores, estableciendo y manteniendo relaciones muy estrechas con ellos.
- Esto se convierte en un enfoque general de orientación al consumidor en aquellas empresas de productos o servicios que realizan grandes esfuerzos para formar un sentido de identidad y "propiedad compartida" con sus clientes.

Beneficios

- Los beneficios de este tipo de alianza son evidentes. Primero, una relación de trabajo más estrecha con el consumidor para asegurar una más rápida y directa retroalimentación de sus necesidades y deseos. Al responder a estos requerimientos, la relación se estrecha aún más –el consumidor se siente más contento y, en consecuencia, compra más–, lo que aumenta los beneficios y, finalmente, también motiva a la empresa a responder con mayor rapidez a las necesidades del consumidor.
- Los consumidores, además, son la mejor fuente para obtener ideas sobre nuevos productos. Esta afirmación ha sido reconocida como válida desde hace tiempo en el área de los productos industrializados.
- Finalmente, una relación de trabajo muy estrecha con el consumidor asegura a la empresa que no quedará "entrampada" por algún cambio inesperado en los gustos, deseos o necesidades de los consumidores.
- En lo referente al desarrollo creciente y aplicación de estas disciplinas, se podrá contribuir a la formación y mejor desempeño de los futuros profesionales de la mercadotecnia y publicidad en las nuevas técnicas de comunicación empresarial.

- Abarcan tanto las técnicas más aceptadas en el ámbito BTL como las que surjan para nuevos soportes tecnológicos, así como las tendencias internacionales que pronto llegarán al mercado global y local.

Descripción

Marketing promocional

Es el diseño de apoyos de venta especialmente dirigidos a un determinado nivel socioeconómico, tanto a través de los canales de distribución, hogares o lugares de reunión de los clientes potenciales, como de escuelas, centros deportivos, cines, etc., ya sea para vender o para hacer demostraciones de un producto o servicio.

Marketing de base de datos

Está constituido por actividades promocionales que emplean una base de datos propia o de terceros para llegar a un grupo de consumidores previamente establecido. Debe constar de miles de entradas con toda la información registrada de los consumidores o las prospecciones, como datos demográficos, estilos de vida e información de transacciones que pueda utilizar para cualquiera de las campañas BTL, como telemarketing o micromarketing.

Comunicación digital

Cuenta con datos para ofrecer los servicios completos para el marketing por correo electrónico o telefonía celular, incluidos el desarrollo de las campañas, diseño creativo, selección de listas, manejo de programas y relatorios de las respuestas en tiempos reales.

Correo directo

Crea e instrumenta programas de correo directo para apoyar el diseño, producción y distribución de comunicación impresa por medio de listas de envío especializadas. El proveedor debe tener las aptitudes para poder trabajar con los clientes paso a paso y asegurar la más alta calidad de respuesta ante un seguimiento. Por ejemplo: brindar el porcentaje de respuestas y el tiempo promedio necesario para recibirla.

Servicios interactivos

Son los servicios que cuentan con una fuente de información *on line*. A su vez, proveen de una plataforma para obtener datos de los consumidores, la cual también cumplirá con funciones complementarias a los programas BTL.

Marketing de afinidades

Dentro del grupo de BTL deberá haber expertos en marketing de afinidad para ayudar a sus clientes en el diseño de programas destinados a obtener una fuente de información adicional, que permita realizar campañas afines con clientes leales.

Marketing de eventos

Esta especialidad es la encargada de planear y realizar eventos integrales a favor de la imagen de marca de un producto o servicio, tales como competencias deportivas, giras artísticas o culturales, etcétera.

Relaciones públicas

Son los profesionales encargados de dar a conocer una empresa o un producto, y generar una corriente de simpatía y prestigio hacia ella.

CRM (relaciones con clientes)

La CRM forma parte de una estrategia de negocios centrada en el cliente. Una parte fundamental de su función es, precisamente, la de recopilar la mayor cantidad de información posible sobre los clientes para poder hacer una oferta valiosa para ellos. La empresa debe trabajar para conocer las necesidades de los clientes y así poder mejorar la calidad del servicio.

Es de vital importancia que se entienda la función de cada una de las herramientas antes mencionadas, así como que las siguientes recomendaciones se tomen en consideración.

Recomendaciones

Es importante que las personas encargadas de la planificación de las herramientas ATL y BTL se reúnan con los responsables de las marcas para, juntos, desarrollar un plan estratégico que contemple cada uno de los requerimientos desde la elaboración del plan de marketing, con el objeto de evitar reacciones impetuosas y para permitir que cada una de las herramientas sean analizadas antes de su utilización y no que la empresa por sí sola opte por alguna de ellas.

Con respecto a lo anterior, es necesario insistir en que antes de la ejecución debe haber una planificación estratégica para poder detectar y aprovechar los nichos de mercado; es imperioso combinar los esfuerzos de ATL y BTL para definir las prioridades antes de decidir cualquier esfuerzo de apoyo a la marca. Así podrá construirse un nexo que permita manejar objetivamente la comunicación al consumidor, basado en la investigación de mercados disponibles.

Primero debe quedar bien claro cuál es el plan estratégico para la marca y las herramientas ATL y BTL necesarias para ello antes de proceder a seleccionar proveedores por medio del departamento de compras, en donde serán aplicables los criterios propios de la instrumentación, pero nunca serán válidos para la planificación y utilización de las herramientas de mercadotecnia.

Se deben tener presentes la importancia del consumidor y la necesidad de escucharlo para identificar los problemas y oportunidades que permitan determinar los objetivos. Ello permitirá segmentar la comunicación para evitar desperdicios y ser más efectivo en el uso de los presupuestos de publicidad y promoción.

Finalmente, siempre será recomendable establecer un servicio continuo de seguimiento sobre el desempeño de los programas y campañas aprobadas, mediante un sistemático seguimiento de los resultados.

Enlace para BTL

Las grandes empresas que antes tenían un encargado de promociones, y más recientemente un responsable de *trade marketing*, ahora están evolucionando para crear una posición especializada en todas las herramientas de BTL, con experiencia en marketing estratégico y publicidad. Este será el interlocutor con los ejecutivos de las marcas y las agencias de ATL y BTL, a fin de asegurar la comunicación integral entre ellos y con los consumidores objetivo, y de alcanzar el mejor retorno de inversión (ROI). Describimos a continuación esta posición.

- Debe ser un socio de la marca flexible, cuyo foco será el servicio al cliente para ayudar a crear una segmentación eficiente, hecha a la medida de sus necesidades, y para diseñar programas de mercadotecnia efectivos, basados en estrategias de comunicación a corto, mediano y largo plazo.
- Este socio está centrado en entender a sus clientes (internos y externos), así como sus metas estratégicas

y planes de mercadotecnia. Trabaja hombro a hombro con los encargados de las marcas y así asegura que los programas BTL y ATL sean complementarios y altamente efectivos.

- Contribuye al desarrollo estratégico para la entrega del servicio de los programas BTL y ATL combinados. Presenta resultados de alta repercusión que enaltecen el valor de la marca y dan paso a nuevos consumidores, los cuales son invaluables.
- Selecciona la herramienta BTL más conveniente y proporciona al departamento de compras las bases de la licitación para elegir los proveedores. Permite el desarrollo de un conjunto confiable de proveedores.
- Ejecuta los programas aprobados valiéndose de los proveedores y asegura su cumplimiento en tiempo y forma.
- Evalúa los resultados parciales y finales, y mantiene informados a los integrantes de los equipos responsables de la marca y de la comunicación ATL.

Dar forma al futuro

Tradicionalmente, los servicios de marketing BTL han sido vistos por los mercadólogos como tácticos o como el "primo pobre" de los programas ATL de publicidad masiva, y es frecuente que el responsable de la marca solicite a un proveedor de promociones alguna recomendación o ideas sobre los planes de promoción que complementarán los esfuerzos ATL.

Lo anterior tiene el inconveniente de que el proveedor consultado seguramente recomendará el uso de alguna herramienta BTL que esté dentro de las posibilidades de su propia infraestructura operativa, no la más conveniente para las necesidades del producto o servicio. Debemos recordar que las nuevas tecnologías demandan equipos e instalaciones especializadas, y es poco frecuente que los proveedores ofrezcan todas las herramientas BTL.

De ahí la importancia de que los ejecutivos de marca cuenten con un asesor imparcial que pueda conectar, desde la planificación estratégica, las necesidades con las herramientas BTL; sólo después, cuando se tenga establecida y aprobada la estrategia, podrá realizar la convocatoria de proveedores para reunir planes de ejecución con tiempos y costos.

El asesor BTL, ya sea interno o externo, deberá saber que:

- La utilización del BTL es una estrategia altamente competitiva, ya que permite lograr que los productos o servicios obtengan lo máximo posible de su inversión en marketing y hacer seguimientos de su desempeño en todo momento.
- Para cumplir con lo anterior será necesario organizar un grupo de profesionales en mercadotecnia y publicidad que formen un equipo de trabajo con el cliente y lleguen a entender los objetivos de cada una de sus marcas. Estos equipos, integrados por generaciones virtuosas con una fuerte perspectiva de liderazgo, definirán la audiencia y el posicionamiento estratégico, combinado con el estilo de servicio *ad-hoc* de BTL, para llegar a una perfecta comprensión de las expectativas de compra y consumo.
- El BTL ofrece un cúmulo de información de primera mano, de la cual se derivarán los programas de marketing precisamente calibrados para la audiencia objetivo, y brinda a los clientes los resultados y elementos de juicio que permiten una mejor apreciación del impacto logrado, incluyendo el trabajo conjunto con programas ATL.

- La disciplina BTL permite conocer a fondo cómo son realmente sus consumidores. De la misma manera, ayuda a trazar el perfil de estos para crear la estrategia y mantener el foco en el grupo objetivo mediante un programa integral BTL que gire alrededor de una base de datos de millones de consumidores, donde se incluye no sólo información demográfica y estilos de vida, sino también patrones transaccionales y sus comportamientos detallados ante las compras.

- Con un servicio integrado de BTL se puede aumentar la base de datos por medio de los clientes actuales, quienes proveerán tanto un nivel de información sin precedentes sobre los más mínimos detalles, como nuevas apreciaciones sobre posibilidades futuras relacionadas con sus comportamientos. También servirá de ayuda que los clientes puedan identificar sus más elevadas aspiraciones. Otra ventaja es la de permitir el perfeccionamiento de las bases de datos mediante una determinación más precisa de las preferencias actuales.

Los programas integrados de BTL también proveen servicios con bases de datos

Perfil de los consumidores

EL BTL es el instrumento idóneo para mejor definir y analizar las áreas del comercio con los clientes (*customer trade*), a fin de dejar al descubierto los mejores segmentos con el objeto de adquirirlos y retenerlos. El BTL permite la elaboración de una estrategia repetitiva que, después de haber demostrado ser la acertada, puede operar de manera "interactiva", e incluso aplicarse, tal cual o con ciertos ajustes, a otros esfuerzos dirigidos a diferentes segmentos.

Análisis de la respuesta

Un análisis retrospectivo BTL arroja luz sobre elementos peculiares y específicos para distinguir un segmento de otro, sin lo cual podrían pasar inadvertidos. El análisis del desempeño de una campaña permitirá que los clientes modifiquen sus reacciones o lo hagan oportunamente cuando así se requiera.

Análisis de las áreas del mercado

Recopila y hace evidente la información sobre el consumidor dentro de los términos del marketing por medio de generalizaciones, representaciones gráficas y tablas.

El BTL identifica las tendencias del consumidor

Modelos espaciales *(Spatial modeling)*

Identifica los modelos o características del consumidor por área geográfica y por código postal para detectar las variaciones en los patrones de compra de los consumidores de cada zona, así como la información selectiva de características individuales.

Mapas *(Mapping)*

Identifica el terreno y las localizaciones, zonas de reparto y tipos de consumidor. Proporciona información representativa, tal como rangos de ingresos por códigos postales.

Servicios hechos a medida

Por medio de la implementación BTL también puede ofrecerse a los clientes una investigación sobre costumbres, gustos específicos, estilos y modelos de vida, y brindarles así la retroalimentación indispensable para la aplicación de aquellas estrategias de marketing complejas que requieren de un análisis exhaustivo de un segmento específico.

El arte de la comunicación no se encuentra ni por arriba ni por debajo de la línea. ATL y BTL son la mejor combinación para obtener una segmentación de la mente y del corazón, basada en una estrategia sólida e innovadora. Es la forma de concentrarse y mantenerse conectado con el consumidor.

CAPÍTULO 19

PROMOCIONES EN INTERNET Y TELEFONÍA CELULAR

Maximiliano López

Las promociones por Internet, a diferencia de las promociones por celular, han visto crecer su aceptación por parte del público de una manera lenta. Mientras que la cantidad de celulares se ha incrementado en foma exponencial en los últimos años, la de computadoras personales se ha visto limitada debido a su mayor costo.

Datos duros

Computadoras personales (PCs)	10,8 millones
Teléfonos móviles	46,1 millones
Tel. c/agenda electrónica	7 millones

El número de computadoras instaladas en México viene creciendo a una tasa anual neta del 9,9%.

Base de computadoras personales por lugar de instalación en México, 2005

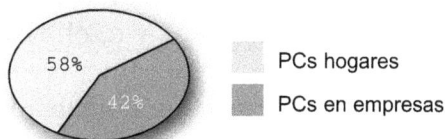

58%
42%

PCs hogares
PCs en empresas

Base instalada de PCs con conexión a Internet

	Base instalada de PCs	PCs con conexión a Internet	Porcentaje
PCs empresas	4,5 millones	2,7 millones	61%
PCs hogar	6,3 millones	3,5 millones	55%
PCs totales	10,8 millones	6,3 millones	58%

Así, las computadoras en México se utilizan principalmente en el hogar. Además, el 58% de las computadoras personales instaladas en México están conectadas a Internet.

Cuentas de acceso

Cuentas totales	2004	2005
Dial up	2,2 millones	1,8 millones
Enlace dedicado	12 mil	12 mil
Banda ancha	881 mil	1,7 millones
Cuentas totales	3,1 millones	3,6 millones

La banda ancha ya representa el 48% del total de las cuentas de Internet y el 71% de los internautas acceden con alguna forma de conexión de alta velocidad.

- La tasa de penetración nacional de Internet es del 18,2%.
- En México existen 17,1 millones de internautas mayores de 6 años a nivel nacional, de los cuales el 59% son hombres y el 41%, mujeres.
- El nivel socioeconómico del internauta mexicano es principalmente ABC+ y C, el 37 y el 33%, respectivamente; el resto (30%) fluctúa en los niveles D+ y D/E.
- La edad del internauta mexicano se concentra entre los 13 y 35 años.

- El 38% de los internautas estudian o han estudiado alguna licenciatura.
- Con un 40%, el hogar se presenta como el principal lugar de acceso a Internet, seguido con un 30% el cibercafé, 20% el trabajo y 10% la escuela o universidad.
- El tiempo promedio de conexión a Internet es de casi dos horas (1 hora y 41 minutos).
- Internet es utilizado como medio de entretenimiento por la mayoría de los usuarios; este es un punto importante a tener en cuenta, ya que podemos utilizar alguno de estos espacios para realizar promociones que involucren a los medios que se integran con la red de redes.

Actividad	Últimos 30 días	Más frecuente
Postales	45%	21%
Escuchar música	44%	24%
Bajar música	43%	24%
Jugar juegos *on-line*	43%	17%
Leer chistes o páginas de humor	40%	15%
Deportes	35%	15%
Salud	31%	13%
Leer noticias locales	28%	11%
Guías de películas	28%	10%

- A su vez, Internet incrementa el alcance de la televisión, radio, diarios y revistas. Aparte, aumenta el alcance del nivel ABC+ entre 16 y 28 puntos porcentuales de estos mismos medios.

En cuanto a las actividades económicas, el primer estudio de la AMIPCI de Comercio Electrónico en 2005 arrojó un total de 210 millones de dólares gastados a través de Internet durante 2004. El 36% de estos compradores dicen haber gastado entre 400 y 1.000 pesos por cada compra que realizaron por Internet.

Con esta amplia perspectiva del usuario promedio de Internet, podemos reconocer en este un medio incipiente y en continuo crecimiento que puede ser utilizado por el mundo de las promociones para implantar actividades y mecánicas con un bajo costo en su desarrollo y un impacto cada día mayor.

Ventajas de las promociones por Internet

- Alta convocatoria.
- Mecánica simple.
- Flexibilidad.
- Eficiencia en costos.
- Fidelidad de los usuarios.
- Obtención de bases de datos.

Al comunicar la promoción existe la posibilidad de conocer *on-line* los resultados de la campaña: el número de participantes en la promoción, de compras realizadas o de registrados en el sorteo. La comunicación *on-line* permite hacer ajustes y es posible reorientarla, si fuera necesario, y dirigirla a los segmentos en los cuales esta es más eficiente, es decir, reforzar la comunicación en los sitios donde se están obteniendo mejores resultados y con los mejores formatos publicitarios. Todo esto con la periodicidad que se decida.

Internet, además de comunicar una promoción en igual o mejor forma que el resto, es el único medio que tiene la capacidad de ejecutar por sí mismo toda la mecánica necesaria: el cliente se registra en el mismo medio, se le da la bienvenida, participa en un juego, vota por alguna alternativa, solicita y se le entrega información, e incluso puede presenciar *on-line* el sorteo o evento en el que se dé a conocer el ganador de la promoción, si así corresponde. Y todo lo anterior por una fracción del costo que implicaría realizarlo por otros medios.

Las mecánicas promocionales más utilizadas en Internet no difieren en esencia de las utilizadas comúnmente, pues quien está detrás de la computadora es atraído de igual forma que lo es por los medios tradicionales. La diferencia radica en la creatividad que se le imprima a las herramientas ofrecidas por este medio: su capacidad multimedia, la inmediatez y la posibilidad de la interacción multidireccional. Esta última consiste en que un participante en la promoción no sólo interactúe con la empresa que realizó la promoción, sino también con el resto de los participantes e, incluso, invite a nuevas personas a participar vía *e-mail*.

Internet no llegó a reemplazar a ningún medio promocional actual; al contrario, llegó a complementar a los ya existentes.

Beneficios de las promociones *on-line*

- Permiten tener interactividad y realimentación (*feedback*) del cliente.
- Los interesados entregan más fácilmente sus datos, lo que permite utilizarlos en acciones posteriores.
- El costo por contacto y el costo efectivo son menores que en las promociones *off-line*, ya que el precio por obtener una respuesta es menor.
- Pueden tener un seguimiento diario para observar la recepción, lo que permite realizar acciones correctivas en el curso de la campaña.

Claves para el éxito de una promoción por Internet

- Defina el perfil del grupo objetivo al que se dirige la promoción para ubicarla en el sitio correcto.

- Considere las promociones *on-line* como una parte más de la acción promocional.
- Desarrolle campañas que generen expectativas, sean creativas y provoquen impacto para que la gente ingrese y participe.
- Construya un sitio intermedio o *mini-site* de la campaña para responder a las expectativas provocadas por la promoción.
- Use recompensas para incitar a la participación. Entregue archivos que puedan bajarse (*downloads*), como salvapantallas, imágenes para personalizar pantallas (*wallpapers*), postales y otros. El usuario siente que recibe una recompensa inmediata por el registro de sus datos.
- Deje un espacio abierto para que los usuarios envíen sus consultas. Encargue a una persona para que efectivamente conteste las dudas.
- Realice un seguimiento de los datos que recoja para aprovecharlos en posteriores campañas.

Técnicas más utilizadas en las promociones por Internet

Las técnicas más explotadas por este medio son:

- Premios instantáneos.
- Sorteos.
- Juegos de preguntas y respuestas.
- Juegos de habilidad.
- Descargas de materiales multimedia.
- Descuentos.

Podemos mencionar que la integración de Internet con otros medios va a impulsar este tipo de promociones como una constante a tener en cuenta dentro de la forma de llevar a cabo una promoción, con una importancia como la de cualquier otro medio masivo en la actualidad; incluso, puede llegar a potencializarlos al utilizar esta herramienta.

Cabe señalar un riesgo o desafío que se nos presenta a los profesionales de la promoción al utilizar las tecnologías: la "simpleza". Actualmente vemos comunicaciones de promociones que llegan al consumidor muy difusas en su lenguaje, sin lograr un entendimiento claro y sencillo. Siempre utilizo tres preguntas que el consumidor se hace en el momento de participar en una promoción, cuyas respuestas tienen que estar claramente explícitas en la comunicación y en la mecánica promocional: 1) ¿qué puedo ganar?; 2) ¿cómo lo puedo ganar?; 3) ¿hasta cuándo lo puedo ganar? Si las respuestas a estas tres preguntas generan dudas, modifique y ajuste la mecánica.

Promociones en telefonía celular

Siempre digo que la promoción más eficiente es aquella que premia al instante. A partir de este concepto, las tecnologías que nos ofrecen a diario las grandes compañías de telecomunicaciones para tener mayor comodidad y calidad de vida pueden ser utilizadas como mecánica promocional. Y es tal el nivel de penetración de estas tecnologías en nuestra vida que resulta simple entender por qué cada vez hay más promociones que utilizan los celulares e Internet.

Una de las modalidades de comunicación comercial que se ha incrementado paulatinamente es, sin lugar a dudas, la que se hace a través de los teléfonos celulares, tecnología que ha multiplicado su presencia en la vida del consumidor como recién mencionábamos. Hagamos un poco de historia sobre este servicio.

Historia de la telefonía celular en México

En este tipo de telefonía existen dos modalidades de comunicación: celular y satelital. En el caso de la telefonía celular funcionan dos sistemas: el analógico y el digital.

El sistema analógico fue el primero que ofrecieron en el mercado de la telefonía celular las compañías Iusacell y Telcel (iniciaron sus operaciones en este país en el año 1990). Posteriormente, con el avance de la tecnología, se ha pasado al sistema digital, que ya brindan todas las compañías de telefonía celular en México, lo cual redunda en una mayor disponibilidad y eficiencia de los servicios que ofrecen.

Una de las características del sistema analógico es que las llamadas realizadas salen una por una, por lo cual el sistema se satura con mucha facilidad, sobre todo en horas de importante demanda o afluencia de llamadas; además, la transmisión de mensajes escritos (sms) es imposible, y las llamadas sufren frecuentes "caídas" o interrupciones.

En el sistema digital las llamadas se realizan con mayor eficiencia, pues una sola central puede atender en forma simultánea varias llamadas, por lo que el servicio resulta altamente confiable. Otras ventajas son, por ejemplo, que puede recibir mensajes escritos, la transmisión del sonido es muy clara y prácticamente no existen interrupciones, como en el sistema analógico, además de ser muy rápida la conexión.

Ventajas de la tecnología digital

- Mejor calidad de voz.
- Precios más bajos.
- Menor número de llamadas "caídas" o interrumpidas.
- Seguridad y privacidad totales en cada llamada.
- Posibilidad de transmitir simultáneamente voz (datos) e imágenes (Internet).

La tendencia es hacia la desaparición del sistema analógico y la integración de todos los usuarios al sistema digital. Actualmente, dentro de la tecnología digital el esquema que se utiliza en México es el de la tecnología GSM y está por introducirse la tecnología 3G, con la que la comunicación de datos se hará a velocidades de hasta 384 kbps. Todo esto permitirá tener una gama muy amplia de servicios (MMS, Internet, transmisión de video en tiempo real, televisión, e-mail, etc.) que, para la industria de las promociones, pueden ser extremadamente interesantes.

Hoy, a través de infinidad de campañas publicitarias y promocionales, vemos cómo las marcas y empresas buscan captar la atención y preferencia de sus consumidores por medio de mecánicas diversas: mensajes SMS, descargas, preguntas y respuestas, tonos y *wallpapers*, entre otros. Pero, ¿cuál es la penetración de este servicio?, ¿quiénes son los principales usuarios de este aparato?

Para poner en claro lo anterior, revisemos un poco los datos duros de este medio promocional.

En México la población de usuarios de este servicio se ha multiplicado exponencialmente desde sus inicios en 1990. Analicemos la gráfica de la página siguiente para ver su crecimiento.

De acuerdo con la Comisión Federal de Telecomunicaciones (COFETEL), en 1990 había 64.000 usuarios, y en febrero de 2005 sumaban ya 47.462.000 y, según un estudio de la consultora Pyramid Research[1], se estima que para fines de 2006 "el número de suscriptores de telefonía móvil (…) puede alcanzar un total de 60 millones".

---

1. Revista electrónica *Marketing-up*, "El mercado de celulares: ¿quién los usa y cómo?", 14 de marzo de 2006. www.marketing-up.com.mx. Nota metodológica. Estudio: encuesta en vivienda. Representatividad: nacional. Número de entrevistas: 1.200. Nivel de confianza estadística: 95%. Margen de error: ± 2,8%. Diseño, muestreo y análisis: Parametría SA de CV. Operativo de campo: Grupo Viesca. Método de muestreo: aleatorio sistemático con probabilidad proporcional al tamaño. Unidad de muestreo: las secciones electorales informadas por el IFE. Fecha de levantamiento: del 14 al 18 de enero de 2006.

Usuarios de telefonía celular de 1990 a 2005*
(en miles de usuarios)

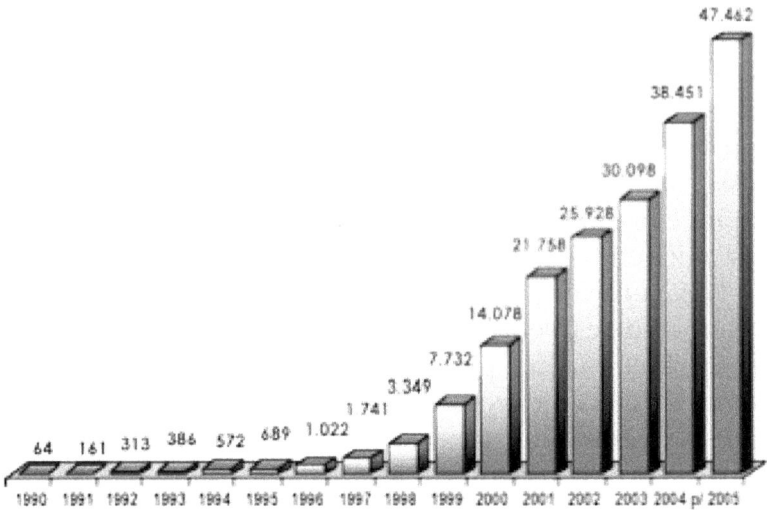

* Fuente: Dirección General Adjunta de Tecnologías de la Información y Comunicaciones, COFETEL.

Con estas cifras podemos ver que el celular se ha convertido en parte importante de la vida cotidiana del ser humano y particularmente de los mexicanos, quienes concentran el 30% del mercado latinoamericano en cuanto a telecomunicaciones se refiere.

En un estudio reciente sobre el perfil de usuarios, se obtuvieron los siguientes resultados:

- Los propietarios de teléfonos celulares mantienen una relación inversa con la edad: esto es, a mayor edad menor posesión. Casi el 50% de los jóvenes de entre 18 y 25 años posee un equipo.
- Con respecto al poder adquisitivo, esta relación es directamente proporcional: a mayor ingreso, aumenta la posesión de celulares.

- Cuando se superan los 6.000 pesos de ingreso (mensual), el 70% tiene un celular.
- Cuando se superan los 12.000 pesos, más del 90% tiene un celular.
- En el otro extremo, entre quienes ganan de 1.200 a 2.400 pesos, sólo 2 de cada 10 poseen un celular.
- Sólo el 7% de los que ganan menos de 1.200 pesos tiene uno.
- El estado civil es otro de los parámetros interesantes que arrojó esta encuesta: los solteros usan más la telefonía móvil: 5 de cada 10 posee un celular, mientras que entre los casados o divorciados el porcentaje se reduce a menos del 25%.
- Con respecto a la forma de pago del servicio, el estudio indica que el 85% de los usuarios prefiere el sistema de prepago con tarjeta y sólo el 15% contrata un plan de telefonía mensual. Aquí lo que más afecta es la economía, los sectores de bajos ingresos prefieren comprar tarjetas de prepago ya que los exime de tener que cumplir con un contrato de pago mensual.

Proveedores de servicios

En cuanto al proveedor de telefonía celular preferido, Telcel concentra el 76% del mercado mexicano, Movistar ocupa el segundo lugar con 15%, Unefon se ubica en tercero con 3%, seguido por Nextel y Iusacell con 2 y 1%, respectivamente.

De estos cinco proveedores de servicio, los que participan activamente en promociones son: Telcel, Movistar y Unefon. Después del descalabro financiero que sufrió Iusacel en 2003, se está intentando posicionar nuevamente como un proveedor de servicios confiable, aunque su futuro es incierto. Nextel, por su parte, está enfocado más como una herramienta de trabajo que como instrumento de diversión, por lo que no entra en este rubro, al menos actualmente.

Técnicas de promoción existentes y en proceso de desarrollo

En la actualidad la forma más utilizada para hacer promociones en México se encuentra en el servicio de mensajes SMS (*Short Message Service*), o sea "servicio de mensaje abreviado", que en la comunicación electrónica se refiere a la manera de transmitir un mensaje escribiéndolo conforme la pronunciación parcial del lenguaje escrito de manera gramaticalmente informal, a veces enlazado con números y otros caracteres, pero conforme a reglas estructurales tácitamente aceptadas entre los interlocutores.

En el uso de esta tecnología son aplicables varias mecánicas de promoción, como juegos, concursos, sorteos, preguntas y respuestas, subastas, bingos, mensajes, "logos" y "ringtones", entre otros, que también pueden combinarse con otros medios como: televisión, radio, prensa escrita y carteleras (*billboards*). Incluso, en 2006 hemos visto casos donde existe interacción directa con el punto de venta.

El aumento del número de celulares entre niños de 8 a 13 años hace muy atractivo este medio para realizar promociones, por lo que muchas acciones se están enfocando en aprovecharlo. Su costo por contacto es barato y la tasa de respuesta es muy alta.

¿Por qué SMS?

• Los casi 50 millones de celulares en el mercado mexicano lo hacen el medio ideal para participar en una promoción; y el alcance de esta es muy amplio.

- La interacción es instantánea, ya que el usuario siempre lleva consigo su teléfono.
- Proporciona interactividad con otros medios. Por ejemplo: televisión interactiva, espectacular interactivo, etcétera.
- Es divertido, sobre todo para niños y jóvenes.

Tendencias futuras

Con el desarrollo de nuevos modelos de celulares, una nueva tecnología se presentaría en nuestro país: el MMS o *Multimedia Messaging System*. A grandes rasgos, es una versión mejorada del SMS ya que con ella se podrán enviar y recibir mensajes multimedia (fotografías, tonos, video, etcétera.).

Con la introducción de este sistema, las posibilidades para el mundo promocional se multiplicarían, el único limitante es la cantidad de equipos en circulación que se encuentren aptos para enviar y recibir mensajes de este tipo.

Por ello, es un sistema que podría tardar alrededor de dos o tres años en poder planear y ejecutar actividades promocionales con esta tecnología.

Otra tendencia a considerar es la utilización de portales WAP o portales de Internet para celulares. La explotación de este servicio también se ve restringida por la tecnología de los celulares en circulación, ya que si bien un gran porcentaje de ellos tiene capacidad para recibir y enviar mensajes SMS, no todos están habilitados para acceder al servicio WAP. De igual forma que el MMS, esta tecnología está limitada a los equipos que vayan saliendo al mercado y a sus costos.

Estas dos razones hacen del SMS el rey de las promociones por celular, por lo menos durante los próximos tres años, tiempo que tardarán las nuevas tecnologías en instalarse y popularizarse en México.

CAPÍTULO 20

LAS PERSONAS QUE HACEN LAS PROMOCIONES

Elena G. Espinal

Hace unos cincuenta años, Clarence Saunders, empresario de origen norteamericano, concibió por primera vez en la historia la idea de comercios de autoservicio aplicándola a la cadena Piggly Wiggly. Años después, este concepto fue mejorado y acrecentado por Rockefeller, quien fundó los primeros locales de Mini Max.

En este nuevo tipo de comercios, la gente podía servirse por sí sola los productos que se encontraban en las estanterías y tomarse el tiempo necesario para comparar y comprar la mejor opción. Esta idea revolucionó la venta; con ello se aprendió que cuanto más se mostraba más se vendía, y que un alto porcentaje de la compra se producía por una tentación o un impulso.

Algunos productos salían con tal velocidad que el personal del autoservicio no tenía tiempo para volver a llenar las estanterías, lo cual representaba pérdida de posibles ventas; en consecuencia, los fabricantes decidieron colaborar y brindar ellos personal, de muy baja preparación, cuya tarea consistía en sacar las cajas de producto de los depósitos y recargar las estanterías. A estas personas que aportaban el trabajo físico de llevar las cajas y acomodar el producto se las empezó a conocer con diferentes nombres: promotor, repositor, anaquelero o mercaderista.

No mucho tiempo después comenzó la contratación de mujeres, en algunos casos muy jóvenes, que ofrecían al público la degustación del producto en el mismo lugar, o al menos en un punto cercano a donde este se exhibía. Tampoco era requisito que ellas fueran altamente capacitadas o educadas, ya que su labor consistía únicamente en acercarse a ofrecer una degustación, pues sólo con ello provocaban un contacto más próximo con el cliente.

Los supermercados, las marcas y la forma de presentar los productos han sufrido un cambio fundamental, lo que ha dado origen a conceptos como *marketing* y *trademarketing*, y al desarrollo de múltiples programas o elementos de *software* aplicados al punto de venta. Sin embargo, pocos han sido los cambios con respecto a las personas contratadas para estas labores. Hoy se las elige o selecciona con las mismas características de formación previa, sus sueldos son de los más bajos del mercado y de ellos se espera que, en la lucha feroz de marcas entre sí y de cadenas contra marcas, tengan conocimientos sobre material publicitario, existencias, computación, sugerencias de venta, leyes del *trademarketing*; que comuniquen claramente al cliente los atributos de la marca, coloquen los productos, sean simpáticos/as, no sean tímidos…; en fin, que tomen a su cargo al "hijo" de una empresa en una tierra que parece ser de nadie, de todos o del enemigo.

Para asegurar que el trabajo se lleve a cabo exactamente de la manera esperada, se contratan supervisores o líderes de grupo (*team-leaders*) cuya única capacitación es la experiencia de haber sido excelentes anaqueleros o demostradoras. Esta figura cuenta con poderes de mando y de juicio sobre los demás, y también es un gran apoyo para los ejecutivos de cuenta.

En una tierra maravillosa como la mexicana, al igual que en muchos otros países de Latinoamérica donde la explicación que encontramos es la historia de la conquista y la subordinación, seguimos viviendo en modelos de obediencia, de castas de las que nadie habla pero que existen en el marco cultural de los que la habitamos: los que nacen pobres, morirán pobres; los que nacen gerentes, seguirán siéndolo.

Esta cultura basada en un mapa mental de inmovilidad, genera inmovilidad. "Cada vez que crea que no se puede, no podré", decía Henry Ford, y negamos toda posibilidad y nos entregamos a contarnos historias tales como que la vida es manejada por el destino o que viene predeterminada, así nos negamos el maravilloso regalo de elegir. Elegir la vida en cuanto a calidad, estilo y metas que nos propongamos.

En este círculo vicioso de frustración, desconfianza y supervivencia, estamos encerrados hoy con la gente que trabaja en el punto de venta; con altos niveles de rotación, con poca o nula responsabilidad (habilidad de generar respuestas), con poco crecimiento, sin especialización y sin que muchos de ellos quieran dedicarse al *trademarketing* como especialidad para su futura vida laboral.

¿Cómo podemos provocar un cambio?

Primero que nada debemos entender que la única manera de establecer una diferencia es atrevernos a actuar de una manera distinta de lo que hacemos hoy. El producto de lo que hoy logramos es el fruto de lo que sabemos. En consecuencia, si queremos algo diferente, esa diferencia se obtendrá con el aprendizaje; aprender a mirar de manera diferente lo mismo que miramos hoy, desarrollar alguna habilidad o competencia, probar todo lo que sea posible en el mundo sin caer en el pensamiento de que sólo se logrará si sabemos cómo se hace. Es sin duda más valioso partir desde el "qué quiero", para elegir e inventar los "cómo" necesarios para el logro.

Si pudiéramos aplicar este paradigma al personal que trabaja en el punto de venta podríamos hacer una gran diferencia:

1. Esta gente podría darse cuenta de cuán importante es para la marca, para el autoservicio y para la agencia: en sus manos está "el producto".
2. Los supervisores podrían darse cuenta de que, más que acercarse a su personal para juntarlos, regañarlos o llamarles la atención, pueden ser los grandes maestros y generar una diferencia en el punto de venta, en sus propias vidas y en las de quienes se les acercan.
3. Las marcas y los autoservicios valorarían más y pagarían mejor a este personal, en la medida en que notarían que pueden confiar en él.

Promotoría

Hoy en día la diferencia entre las empresas competidoras que triunfan y las que no lo hacen está en la aplicación correcta de sus estrategias. A su vez, el éxito de dichos planes de acción encuentra sus pilares en la correcta información que se tenga a la hora de tomar decisiones.

Como todos sabemos, los planes más inteligentes y minuciosamente calculados pueden fallar en el momento de llevarlos a cabo, ya sea porque no se siguieron las instrucciones, porque el líder y quienes lo deben realizar no hablan el mismo idioma o simplemente porque el director del proyecto tardó mucho tiempo en identificar el problema.

Un equipo de *trademarketing* es el encargado de evitar este tipo de obstáculos con el uso de sus diferentes herramientas. La promotoría es en este caso uno de los más fuertes apoyos que se pueden tener en el punto de venta; es, por llamarla de algún modo, un puente entre la dirección de una empresa y el punto de venta.

Sabemos que frecuentemente un empresario puede ver cómo los mejores productos, diseños, colores y sabores desaparecen del mercado de manera inexplicable, y sólo se da cuenta del fracaso cuando ya es demasiado tarde para buscar algún rumbo de acción que pueda adoptar toda la empresa para resolver el problema. Y es que es ilógico pensar que quien se encarga del manejo de una empresa, del diseño de un producto o servicio pudiera ir a revisar personalmente cada uno de los puntos donde su producto o servicio se está vendiendo.

El promotor es entonces a quien estamos buscando. Él es una persona capacitada y especializada en todo lo referente al trabajo en el punto de venta. Es posible que si un empresario visitara un supermercado no sabría ni siquiera el procedimiento a seguir para poder entrar por la puerta de empleados, sin mencionar toda la jerga necesaria para comunicarse con las demás personas que conviven en el punto de venta.

La promotoría es entonces sumamente efectiva a la hora de llevar a cabo las estrategias planteadas en una empresa. Un producto que tiene el apoyo de los promotores contará con indudables ventajas respecto de sus competidores; tendrá más espacios, estará exhibido en muchos más lugares estratégicos, y con todo esto logrará aumentar las ventas. Debemos recordar que cada exhibición adicional en el punto de venta cumple las funciones de un vendedor silencioso.

Con respecto a la información, también el promotor juega un papel fundamental. Si se presenta algún problema en un comercio, por ejemplo que el producto tenga un código de barras erróneo, podría llevar varios días o incluso semanas corregirlo, lo que paralizaría su venta u obligaría a guardarlo en el almacén hasta que "alguien" solucione esta situación.

Pero si un promotor está a cargo de ese producto y tiene como único objetivo lograr su perfecta exhibición y rotación, entonces detecta el problema, lo notifica al supervisor, quien a su vez avisa al ejecutivo de cuenta, y la respuesta estará en manos del cliente en cuestión de horas o de minutos.

Por otra parte, el servicio de promotoría nos ofrece información sobre éxitos y diversas situaciones que no necesariamente constituyen un problema, dándonos la oportunidad de conocer también las zonas de mayor rotación de producto, las actividades de la competencia, la ubicación de la mercancía y todo tipo de oportunidades.

Recordemos que en la actualidad lo más valioso es el tiempo, la información y la calidad de la comunicación. Con el apoyo de la promotoría, se cuenta con la información precisa para poder tomar decisiones en el momento exacto en que los problemas o éxitos suceden, y con ello situar a la empresa en una posición de clara ventaja ante sus competidores.

¿Qué se le puede pedir a un promotor en el punto de venta?

El objetivo fundamental de un promotor ha ido variando. De ser simplemente quien reponía los productos ha pasado a ser el encargado de exponer el producto, generar su rotación y, hoy en día, ser fuente de información sobre lo que ocurre en el punto de venta, incluidas las actividades de la competencia.

Sin embargo, podemos describir la función actual de un promotor desde su valor agregado y no desde el cúmulo de tareas que hace o debería hacer. Estas personas deben ser contratadas teniendo en cuenta qué se espera de ellas en el punto de venta: que logren detectar qué quiere ver el cliente en el piso de ventas.

Un promotor es contratado para comunicar con excelencia los valores y la imagen de la marca para la que trabaja, y retroalimentarla con información de calidad sobre todo lo que ocurre en el punto de venta.

Ese objetivo incluye estar bien capacitado en el conocimiento de los productos asignados a su trabajo. Es parte de su tarea poder informar al cliente o al jefe de piso sobre las características de los SKUs*: gramaje, producto, envases y tiempo de vida, lo que incluye la caducidad. También, conocer los sistemas que maneja cada una de las cadenas de tiendas, con lo cual puede asistir a la generación de pedidos sugeridos y hasta de pedidos directos, para evitar agotamientos y mantener o incrementar el número de frentes. Habilidad para generar exhibiciones adicionales en todas sus formas: cabeceras, islas, colocación de precios, control del stock real del producto en comparación con el informado por el sistema de la tienda, colocación de material publicitario en el punto de venta, análisis y sugerencia de otros lugares dentro del autoservicio o supermercado donde pudiera trasladarse el producto, la ausencia total de disminución del stock, la sugerencia de ofertas o movimientos de productos próximos a caducar.

A continuación se describen tres tareas básicas.

Frenteo

Consiste básicamente en colocar el producto al alcance de la mano del consumidor en una góndola o en cualquier otro tipo de mueble o exhibidor. Hay ocasiones en que

---

1. SKU: Stock Keeping Unit, identificador usado en comercio con el objeto de permitir el seguimiento sistemático de los productos y servicios ofrecidos a los clientes.

existe más que suficiente cantidad de producto en el mueble para ser vendido, pero que por encontrarse en la parte de atrás no se alcanza a apreciar a simple vista y da la impresión de estar agotado.

Por otra parte, si el producto en realidad ya cuenta con pocas existencias, el colocarlo al frente le da mejor presencia a la mercancía, pues muestra que a pesar de haber pocas existencias la marca está presente y al alcance del consumidor.

Limpieza

Muchas veces nos hemos encontrado ante la duda de comprar o no un producto al ver que no está perfectamente limpio. Cuando un envase se encuentra sucio, da la impresión de que el sello ha sido violado o se atribuye a la marca la falta de higiene. Es posible que un cliente prefiera adquirir un producto de la competencia antes que ensuciarse las manos al tomar un producto grasoso o chorreado, o aunque sólo esté sucio de polvo.

La limpieza, sin duda, es un aspecto básico en la imagen de la marca, ya que un producto con este aspecto dará al cliente una imagen de descuido, abandono y falta de higiene cuya consecuencia será la pérdida de ventas o, peor aún, de lealtad hacia la marca.

Rotación

Es también labor de un promotor estar atento al estado de sus productos. Si tuvieran fecha de caducidad, deberá estar pendiente de esta y de manejar los stocks; por ejemplo, lo primero que ha entrado debe ser lo primero en salir para evitar que los productos lleguen al estado de vencimiento, lo que evitará la pérdida de ventas y utilidades.

Por otra parte, si los productos no tienen fecha de caducidad, será también de suma importancia revisar constantemente el estado físico de la mercancía a fin de controlar la merma y la buena presencia del producto, porque al igual que sucede con un producto sucio, un consumidor difícilmente va a llevar a casa un producto golpeado o maltratado.

Estos tres puntos básicos constituyen un importante apoyo al producto ya que, como se sabe, los supermercados y comercios en general son un campo de batalla donde sólo los productos con mejor apariencia, más llamativos y limpios serán los que roben las miradas de los visitantes, aun cuando no los estén buscando, y dejarán a los otros sin oportunidad alguna de darse a conocer.

Como es evidente, la función del promotor no está directamente relacionada con el consumidor, sino con un servicio que estandariza la comunicación con este y permite la transmisión clara y coherente de un mensaje elegido por la compañía que lo ha contratado. Por otro lado, es también el comunicador elegido por una empresa para ser informada de todos los sucesos importantes en cada punto de venta; a través de esa información de calidad, la toma de decisiones será también mucho más efectiva y con mejores fundamentos.

En consecuencia, un promotor debe encarar su trabajo desde una pregunta: "¿Qué está faltando en este punto de venta para que sea excelente?". La respuesta dará un camino de acción que puede ser correctivo o creativo, y que exige una comunicación responsable y fluida con la marca o con la agencia de promociones para la que trabaja.

Demostradoras

¿Qué se le puede pedir a una demostradora en el punto de venta?
Dentro del campo de la demostración, y de acuerdo con

algunas variaciones, se espera de ellas que muestren, que hagan degustar, que impulsen la venta o alguna combinación de todo ello. Su labor consiste en acercarse al público y entregarle folletos, muestras o promociones; comunicar un mensaje, dar una degustación y en algunos casos intentar "colocar" el producto en el carrito de compra del consumidor. Son sumamente eficientes para artículos con elevados márgenes de rentabilidad, así como para la introducción de nuevos productos.

Las degustaciones son uno de los métodos más conocidos y de más aceptación, utilizados para productos alimenticios, bebidas, tabacos y otros. Existen promociones que no pueden realizarse por medio de alguno de los cinco sentidos, por ejemplo la de un vehículo. En esos casos se realiza una demostración de prueba, con el objetivo de atraer a los clientes. Estas situaciones son más difíciles y a veces es necesario incentivar a los posibles clientes con regalos, que a su vez comunicarán mensajes positivos por parte de la marca.

Sin embargo, hasta aquí hemos descrito actividades desarrolladas por la demostradora sin hablar de cuál es el objetivo de contar con una demostradora y el valor que ella agregará al producto.

Las demostradoras tienen como objetivo comunicar al consumidor las características de un producto, así como ser el vehículo de una experiencia que permita al consumidor conocer y decidir. Hacia la marca, su función consiste en transmitir el tipo de recepción que ha tenido el producto.

Las demostradoras trabajan frente al consumidor, por lo tanto su imagen, su sonrisa, su manera de hablar, así como el mensaje, serán parte importante de la experiencia con el potencial cliente.

Si recordamos el concepto de *branding* (entendido como todos los valores intrínsecos de la marca), veremos que precisamente la demostradora es la encargada de transmitir todas estas emociones y experiencias propias del producto.

En consecuencia, podemos distinguir dos áreas en esta comunicación: *la verbal,* o sea el conocimiento del producto, la información a brindar, y *la no verbal,* transmitida por la actitud, la figura, la sonrisa, su manera de emocionar y emocionarse con la posibilidad de establecer un contacto visual, auditivo y muchas veces kinésico (basado en gestos y actitudes) con el consumidor. La fuerza de este vínculo emocional va más allá de la demostradora para integrarse como parte de la experiencia con el producto.

Por otro lado, las demostradoras forman parte de un excelente equipo de información para la marca sobre gustos, aceptación y rechazo, y hasta de salida del producto. Son ellas los ojos y oídos de todos los que se vieron envueltos en el diseño y desarrollo del producto. Su capacidad para brindar información de calidad será básica en la elaboración de valiosos juicios para la toma de decisiones.

¿Qué es un GIO?

Los GIO (animadores) son personas que han perdido el miedo y la timidez de relacionarse con los demás. Son generadores de relación naturales, divertidos y juguetones, que estimulan y recrean un ambiente que favorece la compra. En general, dirigen pequeños espectáculos y se comportan como showman o show-woman. Suelen tener gran éxito a la hora de llamar la atención del público, pero es difícil relacionarlos con la argumentación del producto a promocionar.

Colaboran en la ejecución de juegos y concursos inmediatos. El público muestra una gran aceptación por este tipo de actividad, ya que pueden obtener premios, mientras están expuestos a un bombardeo de información positiva sobre la marca.

Hacia dónde vamos con el personal del punto de venta

Según un análisis hecho por BearingPoint, empresa de origen español, las tres tendencias de cambio en el punto de venta son:

• Avanzar hacia un modelo más centrado en el cliente.
• Seguir profundizando en el proceso de obtención de datos, transformarlos en información y ajustar la política comercial.
• Progresar hacia un modelo de negocio sin barreras interdepartamentales dentro de una misma empresa.

Y aparece una cuarta:

• La necesidad que tienen los minoristas (entendiendo por ello a distribuidores o lugares de ventas que llegan al consumidor final) de centrarse en una estrategia de diferenciación de la competencia.

A medida que se incrementa la competencia, los minoristas necesitan descubrir cómo diferenciarse aún más. Ha dicho Juan Jesús Domingo, managing director de Retail de BearingPoint: "Los minoristas están mirando los puntos de venta para proporcionar información en tiempo real, con vistas a poseer un mejor conocimiento de su cliente".

Otras tendencias clave incluyen:

• La contención de los costos.
• Un 74% de los minoristas discrimina su base de clientes por su fidelidad, y el 66% por preferencias del cliente.
• Un 49% cita como prioridad el desarrollo privado de la marca.
• Un 82% considera iniciativa clave la formación de su personal de punto de venta.

- Además, cerca de un tercio de los encuestados se centran más en el micromerchandising y el marketing multicultural.

Por otro lado, aparecen hoy diferentes formas con las que los minoristas buscan acercarse a sus clientes con la intención de distinguirse de la competencia, entre ellas:

- Aprovechar un sólido conocimiento del cliente para configurar una oferta de mercancías única y diferenciada.
- Crear una marca que transmita a los consumidores una percepción integrada.
- Proporcionar un entorno de compra unificado y multicanal.
- Constituir y mantener una plantilla de alto rendimiento.

Para poder atender las necesidades de este mundo, es necesario cambiar el enfoque en la contratación y manejo del personal; en la actualidad, debemos contar con personal calificado, educado y capacitado para responder a las situaciones reales.

El detallista es a la vez sujeto y autor de las estrategias promocionales en los puntos de venta, ya que en función de su aceptación de la idea de la campaña promocional conseguiremos o no realizarla, y entonces comprará el producto ante las expectativas de ventas que le ofrece el vendedor o promotor.

El fenómeno de la comunicación

Existe dentro de la comunicación un axioma fundamental: "Es imposible no comunicar". Asimismo, hay una propiedad de la conducta que no puede pasarse por alto: "No hay no conducta"; en consecuencia, es imposible no comportarse. Entonces, si se acepta que toda conducta es una situación de interacción, ella tiene un valor de mensaje: es comunicación; actividad o inactividad, palabras o silencio, siempre tienen valor de mensaje, influyen sobre los demás, quienes a su vez no pueden dejar de responder a tales comunicaciones y, en consecuencia, comunican. Por supuesto, la ausencia de palabras no significa que no haya comunicación.

Tampoco podemos decir que la comunicación sólo tiene lugar cuando es intencional, consciente o eficaz; esto es, cuando se logra un entendimiento mutuo.

La base fundamental del punto de venta es la comunicación. El personal involucrado en el punto de venta debe ser un especialista en comunicación. Los anaqueleros, al acomodar el producto, colocar el material publicitario, los precios, hacer exhibiciones adicionales, mover el producto, están comunicando; cuanto más comunique y cuanto más coherente sea esta comunicación con la marca, mayor éxito representará para ella.

Aunque el anaquelero trabaje "de espaldas" al consumidor, es el primer comunicador de la marca y sus valores. Por otro lado, las demostradoras, tanto si sólo dan a degustar, muestran o impulsan la venta, como si se involucran en esta, tienen en sus manos la creación de la relación con el consumidor, además de la posibilidad de informar y dar a conocer el producto y generar una valoración emocional de él a partir de la relación creada. Debemos comprender que la relación con una demostradora es, para el cliente, la relación con la marca; de forma tal que no se debe menospreciar el poder de tener a una persona que comparta la alegría o vivacidad de la marca, ya que esta será la imagen y el sentimiento que la marca tendrá en la mente de los consumidores.

Hace años se comprobó que mucha gente que no cuenta con la posibilidad de tener intimidad y conversar con otros busca la empatía mediante la visita a negocios y la conversación con los vendedores para obtener ese roce de calidad que da la relación humana. Las demostradoras/es tienen en sus manos esta posibilidad.

Entonces… ¿cómo relacionamos todo esto con los sueldos?

Estos niveles de especialización influyen en la forma de remuneración en el mercado laboral.

El mundo viene cambiando, desde una cultura de protección laboral hacia la competencia descarnada, donde quienes puedan agregar un valor en cuanto a especialización, resultados y calidad de relación humana serán los ganadores.

Analicemos esta evolución para comprender dónde estamos con el personal de punto de venta. Desde fines del siglo XIX se construyó una cultura basada en lo funcional; este modelo ha perdurado hasta hace algunos años y aún hay quienes se resisten a abandonarlo. En él, el trabajo estaba basado en la búsqueda de la estabilidad y la confiabilidad; se veía a los consumidores como seres pasivos, con ciclos de compra prolongados y predecibles, y con una competencia limitada. Los estamentos gerenciales estaban totalmente separados de la ejecución: los jefes mandaban, los trabajadores obedecían. Los empleados con éxito serían aquellos con destreza profesional, que valoraban la disciplina, la seguridad y el orden. Las posibilidades eran permanecer con la misma compañía desde el comienzo y hasta su jubilación (o al menos dentro de la misma industria).

El primer cambio cultural a nivel laboral comenzó gracias a la explosión de la tecnología, la aparición de la flexibilidad y el interés del consumidor como fuerza dominante del mercado. En esta cultura se valorizaron fundamentalmente la satisfacción del cliente, la comprensión de su punto de vista, mejorar los procesos de entrega y operativos para ganar su confianza. Para ello se requería proporcionar a los empleados todos los recursos necesarios para satisfacer a dichos clientes.

Sin embargo, en los últimos 20 años ya no es suficiente alcanzar la calidad ni la satisfacción del cliente. Ahora también se deben situar los procesos en un mejor plano en el tiempo. Las culturas basadas en el tiempo limitan los niveles de las jerarquías gerenciales mientras que promueven el uso de grupos de trabajo a lo largo de las diferentes fronteras funcionales. En las organizaciones basadas en el tiempo, los individuos son alentados a desarrollar destrezas y competencias multifuncionales. Fundamentalmente, estas empresas buscan reducir en forma significativa la duración de los ciclos, el desarrollo de nuevos productos o servicios, un alto sentido de urgencia, el aprovechamiento de las oportunidades y la rápida adaptación a los cambios en el mercado empresarial.

Hoy en día el avance se produce a gran velocidad hacia una cultura de redes: en ella se busca reunir a un grupo de personas talentosas y sumamente eficaces, y luego darles libertad para actuar y crear. La autoridad fluye hacia aquellos con las capacidades críticas, y son asociaciones fundamentalmente temporarias. Las personas que triunfan son los individuos innovadores que pueden desarrollar rápidamente relaciones con los otros, aprovechar sus talentos y confiar en sus propias capacidades.

Si aplicamos estos conceptos al personal del punto de venta, es fundamental precisar a quién le pagamos y por qué le pagamos. Es muy claro que un promotor y una demostradora que entienden su rol comunicador, que se "hacen cargo" de un punto de venta, que trabajan desde el modelo del talento y la responsabilidad, la búsqueda de soluciones, tienen la oportunidad en el mercado de ser buscados, premiados, requeridos y, casi con certeza, nunca les faltará trabajo bien remunerado.

En cambio, aún vemos pelear a culturas y modelos de interpretación más antiguos, donde sólo se paga lo funcional, el "cumplir" sin intención de observarlo desde el fenómeno comunicacional. Así, se continuará teniendo gente no formada, no responsable e insatisfecha, porque no cumplirá con su misión de sentirse útil y en consecuencia valorada en este mundo.

Aquí queda la invitación: transformar nuestra manera de observar al personal de punto de venta, su trabajo y su contribución. Mostrarlo a las marcas, a ellos mismos y crear una especialización que les permita transformarse en grandes contribuidores para todas las partes interesadas del proceso.

En ese compromiso está hoy la Asociación Mexicana de Agencias de Promociones (AMAPRO), con sus programas de formación, seguimiento y especialización que contribuyan a este cambio fundamental, que incidirá no sólo en el punto de venta, sino en las vidas de muchas personas.

Creemos que el trabajo en el punto de venta hoy está yendo hacia una cultura de trabajo en red: compensar el riesgo reconociendo la independencia. La habilidad de impulsar un producto, darle más salida, crear una relación y el profundo conocimiento del consumidor, satisfacer al cliente, brindar información.

Por ello es que los sueldos tienden a ser cada vez más variables y relacionados con los resultados. Si bien este sistema puede significar un riesgo para la estabilidad y los sueldos, también podemos verlo como una oportunidad de desarrollo especializado en las relaciones y la comunicación, y la posibilidad de tener no sólo trabajo, sino todo el trabajo que se decida tener, y fundamentalmente de ser el propio dueño del destino y de sus resultados.

．

CAPÍTULO 21

ASPECTOS LEGALES

Gerardo Trueba

Este capítulo tiene la finalidad de posicionar la promoción de ventas dentro del marco jurídico que regula dicha actividad en México. Existen diferentes autoridades administrativas y normas jurídicas que deben contemplarse al realizar acciones promocionales dirigidas a los consumidores; esto lo podemos analizar sobre la base de los siguientes criterios:

1. Marco jurídico promocional, Procuraduría Federal del Consumidor y Dirección General Adjunta de Juegos y Sorteos, todos ellos importantes en la tramitación de permisos y contribuciones.
2. Implementación y regulación de los nuevos medios para participar en las promociones.

Marco jurídico promocional

Procuraduría Federal del Consumidor

Definitivamente la legislación ha sido uno de los factores que más ha influido en la promoción de ventas en México, ya que, al igual que en otros países, existen aspectos a cuidar en el trámite para promociones dirigidas al consumidor.

La Ley Federal de Protección al Consumidor publicada en 1976 ha sido un instrumento fundamental que ha regulado las relaciones de compra-venta de bienes y servicios; de ella han derivado reglamentaciones específicas sobre ofertas y promociones, instituciones dedicadas a vigilar el cumplimiento de dichas normas jurídicas, trámites, etcétera.

El artículo 15 de la citada ley define como promoción "el ofrecimiento al público de bienes o servicios con el incentivo de proporcionar adicionalmente otro bien o servicio de cualquier naturaleza, en forma gratuita, a precio reducido o de participar en sorteos, concursos o eventos similares. También se considera promoción el ofrecimiento de un contenido mayor en la presentación usual de un producto, en forma gratuita o a precio reducido o de dos o más productos iguales o diversos por un solo precio, así como la inclusión en los propios productos, en las tapas, etiquetas o envases, de figuras o leyendas impresas distintas de las que obligatoriamente deban usarse o a cuyo caso se tenga derecho".

Esta ley otorgó facultades a la Secretaría de Comercio y Fomento Industrial (SECOFI) para exigir y otorgar los permisos previos al inicio de cualquier actividad promocional, además de otras dependencias obligadas a intervenir. Como consecuencia, surgió el Reglamento sobre Promociones y Ofertas, y quedó a cargo de la SECOFI la vigilancia de su correcta aplicación.

A partir de 1980 y con la publicación de este reglamento, se inicia un período de actividad promocional notablemente "reprimido"; existe una generación de mexicanos que vivió sin conocer las colecciones como álbumes, "estampas", juguetes dentro de los embalajes, etc., ya que dicho reglamento establecía en algunos de sus artículos que quedaban prohibidas: "...las colecciones o series de etiquetas, envoltura, tapas, empaques, estampas, cupones o cualquiera otra contraseña similar...", "...cuando el incentivo se condicione a la integración de colecciones o series distintas de las anteriores salvo que a juicio de la Secretaría se justifique en razón del beneficio del consumidor...", "...que fomente el hábito de consumo innecesario particularmente en los niños".

Sin embargo, una década después, el gobierno decidió cambiar su política paternalista y, junto con la nueva época de los pactos económicos y tratados de libre comercio, el 26 de septiembre de 1990 se da un cambio radical en el Reglamento sobre Promociones y Ofertas con argumentos tan válidos como los utilizados 10 años antes, sólo que ahora en sentido totalmente contrario, tal como se ve en las consideraciones que fueron publicadas en el Diario Oficial de la Federación en esa fecha:

"Considerando que el Plan Nacional de Desarrollo 1989-1994 establece la necesidad de adecuar el marco jurídico de la actividad económica, para evitar la regularización excesiva que impone costos elevados, limita la competencia impulsando los precios al alza, discrimina entre diversos agentes productivos, desalienta la productividad y propicia una asignación ineficiente de los recursos; que la revisión del marco regulatorio de la actividad económica nacional está orientada a la adopción de medidas que propicien el desarrollo de la iniciativa individual y colectiva de todos los sectores de la sociedad, en el contexto de las libertades que consagra la Constitución Política de los Estados Unidos Mexicanos;

"Que es necesario adecuar a los requerimientos vigentes la normatividad que rige las promociones y ofertas de bienes y servicios, con el propósito de desregular y agilizar los trámites y procedimientos administrativos para su realización;

"Que las promociones y ofertas son prácticas comerciales que tienen por objeto ofrecer al público bienes y servicios a precios reducidos o con incentivos que benefician a los consumidores, he tenido a bien expedir el siguiente Reglamento…"

Los cambios con respecto al reglamento anterior son significativos y se pueden resumir de la siguiente forma:

• La única prohibición a las promociones comerciales, tal como se apunta en el artículo 6º, es cuando ellas o sus incentivos se refieran a tabaco y bebidas alcohólicas, con excepción de las bebidas que tengan una graduación inferior a los 12 grados.
• Los trámites para conseguir la autorización de la Secretaría de Comercio y Fomento Industrial se simplifican y se consideran autorizadas las promociones comerciales por el solo hecho de presentar la petición por escrito.
• Corresponde al Ejecutivo Federal, por conducto de la Secretaría de Gobernación, la reglamentación, autorización, control, inspección y vigilancia de los juegos de azar, los sorteos y de toda actividad en que medien apuestas de cualquier clase.

Diez años después se publica en el Diario Oficial de la Federación la Norma Oficial Mexicana NOM-028-SCFI-2000, denominada "Prácticas comerciales. Elementos de información en las promociones coleccionables y/o por medio de sorteos y concursos". La finalidad de esta norma es continuar con la responsabilidad y vigilancia por parte del gobierno federal para garantizar que los productos y servicios comercializados en el territorio nacional contengan la información necesaria para lograr una efectiva protección de los derechos del consumidor.

En dicha norma se definen las promociones por medio de sorteos y concursos como "las prácticas comerciales en las que mediante la adquisición de un bien o servicio, se ofrece el incentivo de participar en eventos para obtener un premio determinado. El derecho de participar en estos eventos se otorga por medio de un boleto, estampa, tapa, etiqueta, envoltura, empaque o cualesquiera otro similar".

También se establece la obligatoriedad para todo aquel, ya sea persona física o jurídica, que realice promociones coleccionables o por medio de sorteos y concursos, de notificarlo por escrito previamente a la Procuraduría Federal del Consumidor, cuando menos un día hábil antes de la fecha en que inicie la promoción.

Hoy en día el control y vigilancia de las promociones dirigidas a los consumidores en las que no intervenga el azar o la suerte, es decir, aquellas cuyo mecanismo para obtener los premios dependa de habilidades o conocimientos, se encuentra a cargo de la Procuraduría Federal del Consumidor.

Dirección General Adjunta de Juegos y Sorteos

En lo referente a las promociones dirigidas a los consumidores en las cuales se vea implicado el azar o la suerte, el órgano de gobierno, dependiente de la Secretaría de Gobernación, encargado de su vigilancia es la Dirección General Adjunta de Juegos y Sorteos. El Reglamento de la Ley Federal de Juegos y Sorteos, en su artículo 2º, establece lo siguiente: "La Dirección General Adjunta de Juegos y Sorteos tiene a su cargo la atención, trámite y despacho de los asuntos relacionados con la supervisión y vigilancia del cumplimiento de la ley y el reglamento; la expedición de permisos, la supervisión y vigilancia del cumplimiento de los términos y condiciones consignados en estos; el finiquito de los permisos para sorteos; el desahogo de las quejas, reclamaciones y procedimientos administrativos provenientes del desarrollo y resultado de juegos con apuestas y sorteos; imponer sanciones por infracciones a la ley y el presente reglamento, así como las que le confieran las demás disposiciones aplicables".

El marco legal que regula la actividad promocional de los sorteos se estructura en primer orden por la Ley Federal de Juegos y Sorteos, le sigue el Reglamento de la Ley Federal de Juegos y Sorteos, y por último las disposiciones que emita en su caso el Consejo Consultivo de Juegos y Sorteos.

Es importante destacar la estrecha relación que se debe tener con la Dirección General Adjunta de Juegos y Sorteos para obtener los permisos necesarios para iniciar todas aquellas promociones en las cuales los ganadores sean determinados mediante un procedimiento azaroso. El Reglamento de la Ley Federal de Juegos y Sorteos consagra en el apartado XVII de su artículo 3° lo que debe entenderse por permiso en el siguiente sentido:

"Es el acto administrativo emitido por la Secretaría, que permite a una persona física o moral realizar sorteos o juegos con apuestas, durante un período determinado y limitado en sus alcances a los términos y condiciones que determine la Secretaría, conforme a lo dispuesto por la ley, este reglamento y demás disposiciones aplicables."

Para la obtención del permiso por parte de la Secretaría de Gobernación, es necesario reunir y presentar, para su revisión, ante un dictaminador dependiente de la Dirección General Adjunta de Juegos y Sorteos cierta documentación, como por ejemplo:

1. Solicitud por escrito, en donde se detallen los datos de la empresa, su representante legal, vigencia de la promoción, denominación de esta, emisión total de números, valor total de los premios, etcétera.
2. Un escrito en donde se detalle la mecánica de participación y las bases legales de la promoción.

3. Cotizaciones originales o facturas de los premios que se entregarán en los sorteos.
4. Póliza de fianza que cubra la totalidad del valor de los premios de la promoción, esto es con la finalidad de garantizar su pago a las personas que resulten ganadoras y que no recibieran el premio correspondiente.
5. Formato original del boleto o cupón que servirá como comprobante de participación de la promoción.

Una vez obtenido el permiso de la Secretaría de Gobernación, se puede iniciar la promoción; cuando esta haya concluido y los premios se hubieran entregado, debe realizarse otro trámite administrativo en la Dirección General Adjunta de Juegos y Sorteos denominado "Finiquito del permiso". Este último paso tiene como finalidad comprobar el cumplimiento de las obligaciones que el permisionario asumió en el permiso concedido. Si no existe algún tipo de reclamo o queja que deba ser atendido y se determina el cabal cumplimiento de sus obligaciones, el área encargada de los finiquitos procederá a emitir un oficio mediante el cual se autoriza a cancelar la fianza que garantizaba la totalidad de los premios, y con eso se da por terminada la relación con el órgano administrativo del gobierno.

Puntos importantes en la tramitación de permisos

Detallar la mecánica de participación de forma tal que no dé lugar a confusiones a los participantes.

Verificar que la fianza administrativa que garantiza el monto total de los premios incluya el IVA.

Hacer una cita en la Dirección General Adjunta de Juegos y Sorteos para presentar la documentación en trámite simplificado, lo cual permite ahorrar tiempo y realizar las modificaciones adecuadas que señale el dictaminador asignado.

Ingresar el pago de las aportaciones señaladas en la Ley Federal de Juegos y Sorteos un día después de aceptada la documentación, de modo que sea menor el tiempo de espera para la obtención del permiso correspondiente.

Cualquier solicitud hecha a la Dirección General Adjunta de Juegos y Sorteos debe presentarse con una anticipación mínima de 10 días hábiles para su análisis y aceptación.

Cuotas de aprovechamientos en materia de permisos de juegos y sorteos autorizados por la Secretaría de Gobernación

La cuota de aprovechamientos por concepto de permisos de sorteos que se autorizan por la Secretaría de Gobernación se determinan como un porcentaje del valor total de los premios a repartir, de acuerdo con las tarifas publicadas en el Diario Oficial de la Federación el 20 de julio de 2005; son las que están vigentes y se detallan en el siguiente cuadro:

Límite inferior ($)	Límite superior ($)	Cuota fija ($)	Porcentaje sobre excedente de límite inferior
0,01	5.000,00	0,00	15
5.000,01	50.000,00	803,00	14
50.000,01	100.000,00	7.526,00	13
100.000,01	200.000,00	14.462,00	12
200.000,01	300.000,00	27.276,00	11
300.000,01	400.000,00	39.012,00	10
400.000,01	500.000,00	49.680,00	9
500.000,01	1.000.000,00	59.291,00	8
1.000.000,01	2.000.000,00	101.975,00	7
2.000.000,01	3.000.000,00	176.683,00	6
3.000.000,01	4,000.000,00	240.724,00	5
4.000.000,01	5.000.000,00	294.086,00	4
5.000.000,01	6.000.000,00	336.769,00	3
6.000.000,01	En adelante	368.785,00	2
Por interventoría en eventos nacionales de sorteos.	$ 1.000,00		
Por interventoría en eventos en el exterior.	Se aplica la tarifa de viáticos autorizada por la Secretaría de Hacienda y Crédito Público.		

El pago de impuestos referentes a los permisos y a las promociones en el Distrito Federal se complementa con las contribuciones que deben ser ingresadas a la Tesorería del Gobierno del Distrito Federal, dicho pago corresponde al 6% y 12% de conformidad con el monto total de los premios que se entreguen en el sorteo, en atención a lo establecido por el Capítulo IV "Del impuesto sobre loterías, rifas, sorteos y concursos" del Código Financiero del Distrito Federal vigente.

Implementación y regulación de los nuevos medios para participar en las promociones

México ha tenido un crecimiento muy importante en el mercado promocional, esto gracias a la confianza que las compañías han depositado en las agencias especializadas, así como a las fuertes inversiones en este rubro, a la competencia que se da cotidianamente en el mercado y al uso de nuevas tecnologías en las mecánicas de participación en las promociones, independientemente de que estas sean de habilidad o de azar.

En la actualidad, el consumidor tiene una amplia gama de ofertas para acceder a las promociones que se encuentran en el mercado; la tecnología se ha puesto a su servicio, y desde su hogar o cualquier otra parte del territorio nacional puede participar. Esto se ha logrado gracias a la implementación de servicios vía telefónica, por medio de ellos cualquiera puede registrarse o saber si ha ganado un premio instantáneo; lo mismo sucede con los mensajes de texto de la telefonía celular; también se ha aprovechado el crecimiento del uso de Internet para cubrir espacios que habían sido desaprovechados durante algunos años.

En atención al desarrollo actual de las promociones en México, es conveniente que el marco jurídico aplicable esté en constante desarrollo y actualización, ya que el dinamismo del mercado requiere de autoridades capacitadas y especializadas en el análisis de todos los elementos que intervienen, para así garantizar la seguridad jurídica y transparencia a todos los ciudadanos.

Como punto final al tema de los aspectos legales, es necesario recordar que si bien una actividad regulada en exceso puede provocar burocracia y desalentar su crecimiento, el vacío jurídico y el olvido normativo permiten la anarquía y sólo la sobrevivencia del más fuerte y poderoso. Para una regulación adecuada y justa se necesita de la participación de todos.

NOTA DEL EDITOR: este capítulo se presenta como una parte importante del proceso de promoción, dadas las diferentes instituciones y leyes que regulan estas acciones en México. Se sugiere al lector investigar sobre estas mismas cuestiones en su país.

TÉRMINOS USADOS EN INGLÉS

Ángel Pedrote

ACCOUNT SPECIFIC MARKETING. Actividad de mercadotecnia dirigida a reforzar las ventas mediante la asociación directa en la comunicación de una marca y una cadena de comercios encargados de su comercialización.

ADVERTISING SPECIALITIES. Artículos promocionales; objetos de utilidad (por ejemplo: lapiceras, llaveros, encendedores) que llevan impreso por diversos métodos el nombre o la imagen de una marca para ser utilizados como obsequios o incentivos.

BUSINESS TO BUSINESS. Actividades promocionales diseñadas para el impulso de la venta y/o reforzar el nivel de stock y exhibición del producto en los comercios, que se otorgan simultáneamente a todos los clientes de características similares en tamaño, canal de distribución o área geográfica.

CAUSE RELATED MARKETING. Textualmente "mercadotecnia relacionada con una causa". Consiste en planes de mercadotecnia dirigidos a apoyar obras de beneficio social, campañas ecológicas y otras de índole altruista. Este tipo de campañas pueden estar dirigidas a recoger ayuda en efectivo o especie, o únicamente a difundir información sobre la causa en particular.

CO-OP PROGRAMS. Programas cooperativos, en los que dos o más compañías aportan esfuerzos para realizar una tarea concreta de marketing (por ejemplo, entrega de muestras de productos para bebé –compañía 1– y productos para amas de casa –compañía 2– cuyo costo será pagado por ambas compañías).

COUPONING SERVICES. Servicios de cupones, generalmente proporcionados por una empresa especializada que emite un documento o certificado con un valor agregado en especie o efectivo, que puede ser utilizado al adquirir un producto o servicio, obteniendo una recompensa en forma inmediata.

CUSTOM APPAREL. Ropa, término utilizado para referirse a los productos comercializados dentro de esta categoría.

DATABASE MARKETING. Servicios de alquiler de bases de datos con domicilios de clientes potenciales y segmentación socioeconómica, para envío de publicidad impresa o investigación de mercados.

DIRECT RESPONSE. Actividad dirigida a un determinado público objetivo seleccionado de una base de datos, en la que se contacta al consumidor vía correo, teléfono, mensajería o cualquier otra, y se solicita su participación para responder cuestionarios, pruebas, preferencias, etc., a través de las mismas vías. Generalmente el consumidor obtiene un beneficio a cambio de sus respuestas.

ENTERTAINMENT MARKETING. Actividades de mercadotecnia enfocadas al esparcimiento (vacaciones, cine, conciertos, etc.) como herramienta para acercar una marca al consumidor.

EVENT MARKETING. Servicios de mercadotecnia especializados en la concepción y operación de eventos para los que se cuenta con cierto aforo de consumidores potenciales. Estos eventos se aprovechan para manejar la numerosa presencia de marcas adecuadas al público asistente y ponerlas en contacto con este.

FREELANCE SERVICES. Servicios contratados por proyecto a especialistas (diseñadores, creativos) que prestan sus servicios a quienes los contratan de manera temporal.

FULFILLMENT. Servicio para instrumentar actividades promocionales, tales como el almacenaje y distribución de premios, control de puntos acumulados en programas de fidelidad, distribución de materiales de exhibición y toda actividad que requiera de infraestructura en equipo, instalaciones y recursos humanos.

INCENTIVES. Literalmente "incentivos". Mecanismos promocionales que inducen a la compra o el desempeño del consumidor, representante o agente de ventas, empleado y comerciante mediante la oferta de un beneficio tangible en forma de mercancía o de viaje.

IN-PACK / ON-PACK PROGRAMS. Programas dentro-del-embalaje / en-el-embalaje. Todas aquellas actividades dirigidas a utilizar el embalaje de un producto como vehículo promocional. Colocación de cualquier objeto "dentro del embalaje" (*in-pack*) así como cupones impresos en este o presentaciones especiales de este (*on-pack*).

IN-STORE PROGRAMS. Programas en el comercio. Programas desarrollados en el interior del punto de venta.

INTEGRATED MARKETING COMMUNICATIONS. Comunicación por medio de mercadotecnia integrada. Planes de comunicación desarrollados con una visión general de la utilización de las diversas herramientas de la mercadotecnia.

INTERNET MARKETING. Actividades de mercadotecnia realizadas mediante el uso de Internet en todos sus ámbitos, como e-mail, páginas Web, etcétera.

LICENSING. Uso de licencias. Explotación comercial concesiona-da del uso de imágenes, sonidos y en general conceptos de todo tipo, que cuentan con propiedad intelectual registrada a favor de una per-sona o empresa.

ROYALTY MARKETING. Programas de lealtad. Actividades diri-gidas a conservar la marca de un producto o servicio en la preferencia del consumidor, mediante incentivos a los que se puede acceder me-diante compras seriadas.

MALL MARKETING. Servicios dirigidos a las administraciones de centros comerciales para la promoción de sus ventas de acuerdo con un calendario que incluye el aniversario, fechas especiales como Día de la Madre, y campañas estacionales, como Navidad. Incluye decora-ción, eventos espectaculares, sorteos, etcétera.

MERCHANDISING SERVICES. Servicios de mercadeo especiali-zados en el manejo de categorías, ubicación de estas, realización de planogramas, control de niveles de stock, posicionamiento, precios y actividades de promoción de las marcas en el punto de venta.

MODELS / TALENT AGENCIES. Agencias especializadas en la contratación de modelos y artistas para la producción de anuncios, fo-tografías, eventos especiales, etcétera.

MUSIC MARKETING. Mercadotecnia especializada en la promo-ción y desarrollo de imagen de grupos musicales, músicos, cantantes, intérpretes y escritores.

PREMIUMS. Premios. Mercancías ofrecidas a los consumidores co-mo un valor agregado para inducir la compra de un número preesta-blecido de productos o un determinado servicio.

PRODUCT PLACEMENT. Colocación de producto. Se refiere a la ubicación de una determinada marca de productos o servicios, con fi-nes publicitarios, dentro de películas, videos o series de televisión.

REFOUNDS / REBATES. Descuento en una compra futura, brin-dado por medio de un cupón enviado por correo (*refound*) o coloca-do en el interior de un producto o medio impreso (*rebate*).

SALES PROMOTION. Promoción de ventas. Conjunto de activi-dades comerciales que mediante la utilización de incentivos, comuni-cación personal o a través de medios masivos estimulan en forma di-recta e inmediata la demanda a corto plazo de un producto o servicio.

SAMPLIG. Entrega de muestras.

SCANNER MARKETING. Actividades de mercadotecnia realiza-das mediante la lectura del código de barras en las cajas registradoras de los comercios en el momento de pagar los productos adquiridos (por ejemplo: emisión de cupones, descuentos, premios al instante).

SPORT / EVENT MARKETING. Estrategias de mercadotecnia que utilizan como vehículo de contacto con el consumidor deportes o even-tos especiales, como conciertos.

STRATEGIC CONSULTING. Servicios de asesoría en planificación, anteriores a la elaboración de los planes de mercadeo. Son empleados para identificar "nichos" de oportunidad en el mercado o para el reposicionamiento de productos y servicios.

SWEEPSTAKES / GAMES / CONTESTS. Sorteos / juegos / concursos.

TELEMARKETING. Mecanismo de contacto con el consumidor para realizar ventas, encuestas o promociones a través de llamadas telefónicas hacia o desde su casa o trabajo.

TIE-IN SERVICES. Servicio de emplayado (literalmente "atado"). Consiste en unir dos o más productos para su comercialización mediante cintas adhesivas, papel celofán o embalajes de mayor sofisticación producidos para este fin.

TRADE MARKETING. Actividades de mercadotecnia dirigidas al comercio.

TRAVEL PROMOTIONS. Prestadores de servicios especializados en ofrecer los mejores precios en paquetes de viajes como premio por sorteos y concursos, organización de convenciones o programas de incentivo al personal interno de las empresas o de sus clientes mayoristas.

GLOSARIO

Amador Cárdenas

AD-HOC. Adecuado, apropiado, dispuesto especialmente para un fin.

ATL. Herramientas tales como anuncios en televisión o radio, impresos en diarios o revistas, o espectaculares en la vía pública.

BONUS PACK. Regalo de producto adicional.

BOOM. Éxito o auge repentino de algo.

BLITZKRIEG (o BLITZ). Ataque rápido.

BRAND AWARENESS. Recordación de marca.

BRANDING. Conjunto de valores propios de la marca.

BRIEF. Documento que resume las propiedades o características de un producto o servicio.

BTL. Herramientas basadas en el consumidor objetivo como centro, tales como la mercadotecnia promocional y el uso de Internet y la telefonía celular. Para mayor detalle ver el Capítulo 18.

CABECERAS. Muebles de exhibición al extremo de los anaqueles en la tienda.

COPETE. Material impreso que se coloca en la parte central, arriba de los anaqueles.

CUSTOMER TARGETING STRATEGY. Estrategia dirigida al consumidor objetivo.

CUSTOMER TRADE. Cliente del comercio.

DATA BASE MARKETING. Base de datos de mercadotecnia.

DISTRIBUCIÓN HORIZONTAL. Disponibilidad de un producto en el mayor número de tiendas.

DISTRIBUCIÓN NUMÉRICA. Porcentaje de tiendas con existencia, del total del universo.

DISPLAY. Elemento utilizado para exposición.

FLAT FEE. Honorarios netos.

HIGH-LOW. Estrategia promocional de "quiebre de precios" al consumidor.

HIPERMERCADO. Comercio de autoservicio de gran tamaño.

IN PACK. Dentro del embalaje.

KINÉSICO. De la kinésica, disciplina que estudia los gestos y movimientos corporales, o relacionado con ella.

LOGOTIPO. Símbolo diseño de una marca o razón social.

LLUVIA DE IDEAS. Reuniones que se realizan para analizar un tema determinado y proponer diversas alternativas al respecto.

MARKETING MIX. Todos los elementos de una compañía relacionados con la estrategia de mercadotecnia.

MATERIAL POP. Material publicitario o promocional utilizado para la decoración de supermercados o tiendas por departamentos, o para dar a conocer diversas cualidades de un producto.

MEE TOO PRODUCT. Producto similar a otro.

MEGAMERCADO. Comercios de autoservicio más grandes que los hipermercados.

NICHOS. Áreas de oportunidad.

ON PACK. Fuera del embalaje.

PERSONAL DE CAMPO. Quienes llevan a cabo el trabajo promocional fuera de la oficina.

PLANOGRAMA. Representación gráfica de la forma en que deben quedar expuestos los productos en las góndolas.

PLATAFORMA CREATIVA. Documento base para desarrollar un trabajo.

PROSPECCIÓN. Exploración de mercado. Exploración de posibilidades futuras basada en indicios presentes.

PULL. Estrategia dirigida a que el cliente "jale" el producto hacia el consumo, por ejemplo: descuentos en precio.

PUSH. Estrategia dirigida a presionar la colocación de un producto en los comercios.

REUSABLES. Se dice de lo que admite más de un uso, por contraposición a desechable.

ROAD SHOW. Evento que realiza una marca para promover un producto en diversos comercios, según una ruta preestablecida.

SHOWMAN / WOMAN. Literalmente director de espectáculos.

SINERGIA. Beneficio adicional logrado al coordinar a todos los involucrados en una función.

TELEMARKETING. Estrategias de promoción por vía telefónica.

TIE IN. Atado al producto.

TRIAL SIZE. Presentación de producto diseñada para ser probada, generalmente de obsequio.

www.ingramcontent.com/pod-product-compliance
Lightning Source LLC
Chambersburg PA
CBHW060544200326
41521CB00007B/485